Ein blick auf den Vatikan

Vatikanische Museen. Die neue spiralförmig gedrehte Aufstiegsrampe zu den Kunstsammlungen der Vatikanischen Museen. Sie wurde anläßlich des Heiligen Jahres 2000 der Öffentlichkeit übergeben.

Ein blick auf den
Vatikan

Texte von
Carla Cecilia

EDIZIONI MUSEI VATICANI

© Copyright 2001 Edizioni Musei Vaticani

Herausgeber:

Francesco Riccardi, Verwaltung der Vatikanischen Museen

Redaktion:

Georgina Bernett, Carla Cecilia, Yorick Gomez Gane, Roberto Zagnoli

Grafische Gestaltung:

Alessandra Murri

Übersetzung:

Silvia Montanari

Fotografien:

Fotografisches Archiv der Vatikanischen Museen, außer:
Apostolische Vatikanische Bibliothek (s. 16, 17, 20, 21, 27); Vatikanisches Geheimarchiv (s. 15, 17) Archiv der "Fabbrica di San Pietro in Vaticano" (s. 19, 22, 24-25, 28, 29, 31, 33, 34, 35, 36, 37, 38, 39, 93); Domkapitel von St. Peter (s. 40, 41);Fotografisches Archiv Cocacolor (s. 6-7, Umschlagblatt); Pubbli Aer Foto (s. 8-9); Fotografisches Archiv Alinari (s. 26).

Fotolitografie:

Studio Lodoli, Roma

Fotokomposition und Druck:

Vatikanische Druckerei, Vatikanstadt

ISBN 88-86921-98-5

Inhaltsverzeichnis

Vorwort	5
Einleitung	6
Staat der Vatikanstadt	10
Das Governatorat	12
Institutionen in Verbindung mit dem Heiligen Stuhl	14
Der historische Ursprung des Vatikans	16
St. Peterskirche	18
Die konstantinische Basilika	18
Die heutige Basilika	18
Die Außenfassade	23
Die Vatikanischen Grotten	35
Die Vorkonstantinische Nekropole	37
Die Sakristei und der Domschatz von St. Peter	40
Die Apostolischen Paläste	42
Die Kapelle Nikolaus V.	46
Die Sixtinische Kapelle; Fresken aus d. 15. Jahrhundert	52
Die Borgia-Gemächer	60
Die Sixtinische Kapelle: Deckengewölbe von Michelangelo	63
Die Stanzen des Raffael	72
Die Stanze der Segnatura	72
Die Stanze des Heliodor	78
Die Stanze des Borgobrandes	78
Stanze (Saal) Konstantin des Großen	78
Die Loggien des Raffael	80
Die Sixtinische Kapelle: Das Jüngste Gericht	84
Die Cappella Paolina: Fresken von Michelangelo	87
Die Vatikanischen Museen	96
Die Vatikanischen Gärten	132
Fussnoten	140
Literaturverzeichnis	141

Blick auf die Kuppel von St. Peter von den Vatikanischen Gärten aus.

Vorwort

Die Kuppel von St. Peter bildet für den Rombesucher einen natürlichen Bezugspunkt. Die heutige Kirche, die die Nachfolgerin der auf Wunsch von Konstantin dem Großen errichteten Basilika ist, steht auf dem Vatikanhügel. Er ist im Grunde tatsächlich der wichtigste und bekannteste der römischen Hügel, wenn er auch nicht zu den klassischen sieben Hügeln der Ewigen Stadt zählt. Mit dem Namen Vatikan wird der gesamte Gebäudekomplex auf dem Hügel bezeichnet. Er ist 44 Hektar groß und umfaßt einschließlich der Basilika einen der kleinsten Staaten der Welt.

Die Kuppel der großen Basilika wurde von Bramante entworfen und von Michelangelo vollendet. Sie scheint mit Ihrer Größe auf den Himmel hinzuweisen. In Wahrheit ist alles darauf ausgerichtet, wie in einem Schrein ein kostbares Grab einzuschließen. Dieses Grab ist sehr bescheiden und schmucklos. Umso wichtiger ist seine Bedeutung. Der Überlieferung nach, die heute durch zahlreiche Funde bestätigt wird, ist diese kleine Nische die Begräbnisstätte des hl. Petrus. Er war der Apostel, dem der Herr den Auftrag gab, seine Kirche im Geiste der Liebe zu leiten. Durch die Basilika wird dieses Grab, der symbolische "Stein", auf dem sich die Kirche gründet, als ideelles Zentrum des Vatikans ausgewiesen und gleichzeitig auch bewahrt. Der Pilger, der heute - genauso wie früher - vom Glauben geleitet nach Rom kommt, lenkt seine Schritte zu diesem Grab. Seine Wallfahrt gilt aber nicht nur der Erinnerung. Wenn auch Petrus als Person der Vergangenheit angehört, ist er doch immer in der Gestalt seines Nachfolgers, der Papst in Rom ist, gegenwärtig.

Wenn der Blick des Besuchers dann von der gewaltigen Basilika zu den Palästen, die sie umgeben, wandert, spürt er intuitiv, daß das alles, was er sieht, schlicht und einfach "die Kirche und das Haus des Pasptes" sind, und somit in gewissem Sinn das Haus aller. Dieses besondere Haus wurde von großen Künstlern aller Jahrhunderte geplant und mit Kunstwerken versehen. Die historischen, kulturellen und künstlerischen Schätze können als Kulturerbe der gesamten Menschheit angesehen werden. Trotz des unvermeidlichen Staunens, das all dies hervorruft, trägt alles eine gewisse familiäre Note.

Bereits die Kolonnaden von St. Peter, die den Pilger gleichsam mit offenen Armen empfangen, tragen zu diesem Klima der familiären und liebevollen Aufnaheme bei.

Das Buch, das Sie im Begriff sind, zu lesen, entstand in solch einer Atmospäre. Seine Seiten erheben weder Anspruch auf wissenschaftliche Akribie noch auf Vollständigkeit; die Sprache ist einfach und allen verständlich abgefaßt. Der Titel "Ein Blick auf den Vatikan" spricht für sich, und unterstreicht die Charakterzüge eines Führers, der den Besucher diskret, unaufdringlich und unvoreingenommen begleitet. Die zahreichen Illustrationen, die den Führer bereichern, sollen Emotionen hervorrufen, die einfache Worte vielleicht nicht auszudrücken vermögen. Es ist ein Buch zum Lesen und zum Anschauen; ein Buch das helfen möchte einen Schatz zu entdecken und zu lieben, der nicht nur der Kirche gehört, sondern der gesamten Menschheit.

Edmund Casimir Card. Szoka
Präsident der Päpstlichen Kommission
für den Staat der Vatikanstadt

Einleitung

Ein eindrucksvoller Blick auf die Kuppel von St. Peter vom Brunnen des Gian Lorenzo Bernini (1675) aus. Er steht auf der linken Seite des Platzes, symmetrisch zu seinem Pendent auf der rechten Seite, der ein Werk von Carlo Maderno (1614) ist. (Foto: Fotografisches Archiv Cocoacolor).

Tu es Petrus et super hanc petram aedificabo ecclesiam meam ("Du bist Petrus und auf diesen Felsen werde ich meine Kirche bauen", Mt. 16,18).

Diese einfachen Worte sprach Jesus zum Apostel Simon von Bethsaida, besser bekannt als Petrus. So wollte ihn der Meister nennen. Und diese berühmte Aussage ist auch der Grund, daß der Vatikan zu einem unwiderstehlichen Anziehungspunkt wurde, der immer aktuell ist.

Ursprung und Attraktion der gesamten Vatikananlage, der Kern, über dem alles entstand, ist das Grab des heiligen Petrus: Er starb den Märtyrertod und war der erste Stellvertreter Christi. Sein Nachfolger ist der Papst.

Den einmaligen und ureigenen Charakter dieser vielfältigen Gebäude fing Kardinal Giovanni Battista Montini ganz ausgezeichnet ein. Der spätere Papst Paul VI. schrieb in der Einleitung zu einem Text über den Vatikan:

Der Vatikan ist nicht nur ein monumentaler Gebäudekomplex, der nur Künstler interessiert; oder nur ein großartiges Sinnbild für die vergangenen Jahrhunderte, das nur einen Fachmann für Geschichte interessiert; ist nicht nur ein Schrein, angefüllt mit literarischen und archäologischen Schätzen, die nur den Wissenschaftler interessieren; nicht nur ein berühmtes Museum mit Meisterwerken, die den Touristen interessieren; nicht nur ein heiliges Gotteshaus zum Andenken an das Martyrium des Apostels Petrus, das nur den Gläubigen interessiert. Der Vatikan ist nicht nur Vergangenheit: er ist die Residenz des Papstes, der eine durchaus lebendige und tatkräftige Autorität darstellt. Der Vatikan ist nicht nur das, was man von ihm sieht: er ist der Ausdruck eines Gedankens, eines Planes, eines Programmes, die alle an die gesamte Menschheit als solche gerichtet sind und bewahrt bis heute das Geheimnis einer ewigen Jugend und einer dauernden Aktualität.

(G. B. Montini, *Einleitung* zu "*Vaticano*" herausgegeben von G. Fallani und M. Escobar, Florenz, Sansoni, 1946, S. VIII).

Folgende Seite: *Panoramablick über den Petersplatz. Auf der linken Seite der Basilika erkennt man den "Palazzo del Sant'Uffizio" und die Audienzhalle (oder Aula Papst Pauls VI.). Auf der rechten Seite sieht man hingegen den Damasushof, überragt von dem Palast Sixtus V. Hier befindet sich die Residenz des Papstes. (Foto: Pubbli Aer Foto).*

Staat der Vatikanstadt

Die *Vatikanstadt* ist der kleinste unabhängige souveräne Staat der Welt. Er wurde am 11. Februar 1929 mit dem Abschluß der Lateranverträge zwischen Italien und dem Heiligen Stuhl gegründet und garantiert, daß der Vatikan "das Hirtenamt mit der notwendigen Freiheit und Unabhängigkeit in der Diözese Rom, der Kirche Italiens und der gesamten Welt ausüben kann" (Artikel 26)[1].

Sein Territorium, das sich auf etwa 44 Hektar erstreckt, befindet sich im Zentrum von Rom. Die gewaltigen Stadtmauern und die Travertinsäulen des Petersplatzes, sowie der Travertinstreifen im Pflaster, der die beiden Flügel der Kolonnaden des Bernini verbindet, bilden seine Staatsgrenzen. In den Vatikan führen fünf Portale, die von der päpstlichen Schweizer Garde, dem einzigen bis heute bestehenden Militärcorps, bewacht werden (Papst Julius II. gründete sie zu Beginn des 16. Jahrhunderts). Für die Sicherheit im Inneren des Vatikans sorgt hingengen privates Wachpersonal. Es handelt sich um ein Zivilcorps mit den Aufgaben einer Sicherheits-und Justizwache sowie der Verkersregelung.

Der Staat, dessen absolutes Staatsoberhaupt der Papst ist, besitzt eine eigene Flagge (gelbes und weißes Feld - gelbes bei der Fahnenstange - mit der päpstlichen Tiara und den Schlüsseln), eigene Münzen und Briefmarken. Es gibt hier einen eigenen Post-und Bankdienst, einen eigenen Rundfunksender und eine Eisenbahnstation. Der Vatikan wird von ungefähr 750 Personen bewohnt. Davon besitzt etwa eine Hälfte die vatikanische Staatsbürgerschaft, die andere hat eine ständige oder zeitweilige Aufenthaltsgenehmigung. Die Staatsform ist eine gewähte, absolute und theokratische Monarchie: An der Spitze steht als Oberhaupt der Papst, der gleichzeitig Jurisdiktions-und Exekutivgewalt mit Hilfe einiger delegierter Organe ausübt. An erster Stelle steht hier die Päpstliche Kommission für den Staat der Vatikanstadt. Alle Rechtsangelegenheiten, die von Rechts wegen dem Papst vorbehalten sind werden hier vom Kardinalstaatssekretär geregelt. Er ist gemäß einer Definition von Papst Johannes XXIII. (1958-1963) der "erste Mitarbeiter" des Papstes bei der "Regierung der Universalkirche".

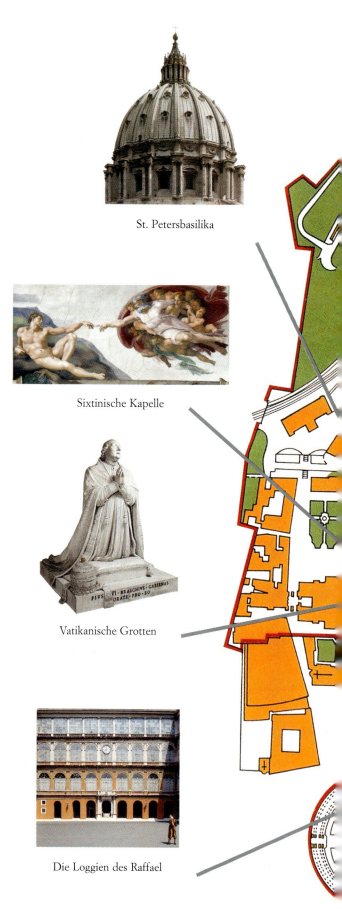

St. Petersbasilika

Sixtinische Kapelle

Vatikanische Grotten

Die Loggien des Raffael

Das Governatorat

Der Staat der Vatikanstadt wird durch das "Governatorato" (Governatorat) in enger Zusammenarbeit mit der *Pontificia Commissione per lo Stato della Città del Vaticano* (Päpstlichen Kommission für den Staat der Vatikanstadt) verwaltet. Diese Kommission entstand 1939 auf Wunsch von Papst Pius XII. und sollte eine stabile Einrichtung darstellen, die die Regierung und das Funktionieren des Vatikanstaates zu garantieren hatte. Sie besteht aus einigen, vom Papst für fünf Jahre ausersehenen Kardinälen, wobei ein Kardinalpräsident den Vorsitz führt. Er wird seinerseits von einem Sekretär und einem besonderen Delegierten unterstützt. Von dieser päpstlichen Kommisson hängen die verschiedenen Einrichtungen sowie die techisch-administrativen Dienststellen des Governatorates ab.

Das Governatorat besteht aus der *Segreteria Generale* (Generalsekretariat) und aus einigen Haupt-und Nebenabteilungen. Das Generalsekretariat umfaßt verschiedene Büros *(Rechts-und Personal-Abteilung, sowie das Protokoll, usw.)* und ist das Zentralorgan der Verwaltung.

Seine Aufgabe liegt unter anderem in der direkten Zusammenarbeit mit der Päpstlichen Kommission und in

Luftaufnahme des "Palazzo del Governatorato". Der Architekt G. Momo entwarf ihn um 1920. Dieses grandiose Gebäude inmitten der Vatikanischen Gärten ist der Sitz der Päpstlichen Kommission für den Staat der Vatikanstadt.

Büro des Kardinals, der Präsident der Päpstlichen Kommission für den Staat der Vatikanstadt ist.

Entscheidungen, die den Vatikanstaat betreffen. *Die Direzione Generale dei Monumenti, Musei e Galerie Potificie* (Generaldirektion für die Monumente, Museen und Päpstlichen Galerien) hat die Aufgabe, das Kulturgut im Besitz des Heiligen Stuhles zu pflegen und zu bewahren. Von ihr hängen die Abteilungen der Vatikanischen Museen ab, die nach der Beschaffenheit der Exponate und nach ihrer geschichtlichen Epoche eingeteilt sind sind, ferner eine *Restaurierungswerkstätte* und eine *Abteilung für wissenschaftliche Forschungen*. Das *Ufficio Vendita Pubblicazioni e Riproduzioni* (Büro für den Verkauf der Veröffentlichungen und Reproduktionen) ist für die populärwissenschaftlichen Veröffentlichungen über den Vatikanstaat und die in den Museen ausgestellten Werke zuständig, sowie für deren Reproduktion und ihren Verkauf in Ständen in den Vatikanischen Museen. Der *Direzione Generale dei Servizi Tecnici* (Generalverwaltung des technischen Dienstes) obliegt die Verwaltung der technischen Einrichtungen auf dem Vatikanterritorium (Werkstättendienst, technische-und Telefonanlagen), sowie das Eingreifen bei allfälligen Problemen dieser Einrichtungen (*Servizi Centrali*, "Zentrale Servicestellen"). Die *Direzione Generale dei Servizi Economici* (Abteilung für Wirtschaft) ist für die Beschaffung von Lebensmitteln und Waren verschiedenster Art (Bekleidung, Tabakwaren, Brennstoff, usw.) verantwortlich und sorgt für den Verkauf in modernsten Supermärkten auf vatikanischem Gebiet: "spaccio annonario", "magazzino economato" und "tabacchi" (die "Annona", Verkaufsmagazin, und Tabakladen). Die *Direzione dei Servizi Sanitari* (Direktion des Gesundheitsdienstes) ist mit der öffentlichen Gesundheitsvorsorge und der allgemeinen Hygiene auf dem Vatikanterritorium, sowie mit der gesundheitlichen und medizinischen Assistenz der Vatikanstaatsbürger und der hier Ansässigen betraut. Von der *Direzione dei Servizi Generali* (Direktion für allgemeine Dienste) hingegen hängen folgende Abteilungen ab: das für die Zollverwaltung zuständige *Ufficio Merci* (Zollabteilung), das für den Blumenschmuck bei liturgischen Feiern und Zeremonien und Audienzen des Heiligen Vaters verantwortliche *Servizio di Floreria* (Blumendienst) und schließlich der *Servizio dell'Autoparco* (Autopark), der für den Erwerb und die Instandhaltung des staatlichen Autoparkes zuständig ist. Die *Direzione delle Ville Pontificie* (Direktion der Päpstlichen Villen) befaßt sich mit der Instandhaltung der Päpstlichen Villen in Castel Gandolfo (55 Hektar). Es handelt sich hier um ein exterritoriales Gebiet, das dem Heiligen Vater als Sommerresidenz dient. Im päpstlichen Palast in Castel Gandolfo befindet sich die *Direzione della Specola Vaticana* (Direktion der Vatikanischen Sternwarte), die auf Astronomie und Astrophysik spezialisiert ist.

Im Palazzo del Belvedere (Belvederspalast) nahe der "Annona", befindet sich die *Farmacia Vaticana* (Vatikan-Apotheke). Sie wurde 1874 gegründet und dem Orden der Barmherzigen Brüder anvertrautat. Hier wird eine sehr breite Palette an Medikamenten (die in Italien oft nicht verfügbar sind) sowie Kosmetik-und Parfümerieartikel angeboten.

Institutionen in Verbindung mit dem Heiligen Stuhl

Auf dem Vatikanterritorium befindet sich auch die *Tipografia Vaticana* (Vatikanische Druckerei). Sie wurde im Jahr 1587 von Papst Sixtus V. gegründet und Ende des 19., Anfang des 20. Jahrhunderts unter Leo XIII. und Pius X. grundlegend vergrößert, sowie ihr Druckpotential verstärkt. Johannes Paul II. nahm 1991 einen gründlichen Umbau vor. Modernste technische Geräte und Maschinen stehen einer vielfältigen verlegerischen Tätigkeit, die auch privaten Personen offen steht, zur Verfügung.

Einer Sezione Segreta (Geheimabteilung) mit in moralischer und professioneller Hinsicht hochqualifiziertem Personal, das bezüglich der Einhaltung des Bürogeheimnisses einen Geheimhaltungseid geleistet hat, obliegt die Ausführung der verschiedenen Tätikgeiten der Vatikandruckerei, d.h. der Druck der päpstlichen Schriftstücke sowie von offiziellen Dokumenten des Heiligen Stuhles, der Römischen Kurie und des Staates der Vatikanstadt.

Der "*L'Osservatore Romano*", das politisch-religiöse Tagesblatt und offizielle Stimme des Heiligen Stuhles, wird ebenfalls in der Vatikandruckerei hergestellt. Das erste Exemplar kam am 1. Juli 1861 heraus. Die Aufgabe des L'Osservatore Romano ist es "dem Gedankengut des Papstes, der Oberhaupt und Hirte der Universalkirche ist, treu zu bleiben". Hier erscheinen die Ansprachen des Heiligen Vaters und Berichte über die Aktivitäten des Heiligen Stuhles und die Hauptereignisse in der Kirche Italiens und der Welt. Das Tagesblatt kommt in italienischer Sprache heraus, doch gibt es auch Wochenausgaben in französischer, englischer, spanischer, portugiesischer, deutscher und polnischer Sprache.

Vom Belvederehof betritt man eines der kostbarsten bibliografischen Gebäude der Welt, nämlich die *Biblioteca Apostolica Vaticana* (Apostolische Vatikanbibliothek). Sie steht nur qualifizierten Wissenschaftlern offen und bewahrt ein unschätzbares Kulturgut, dessen Kern aus etwa 150 000 Handschriften besteht. Daher steht die Vatikanische Bibliothek an einer der ersten Stellen unter allen Bibliotheken der Welt. Ferner werden hier 8000 Inkunabeln, und ca. 2 Millionen gedruckte Bücher aufbewahrt.

Die Errichtung des neuen Gebäudes (1587-1589), das heute noch die Sammlung enthält, verdanken wir Sixtus

Der Salone Sistino (Salon Sixtus´V.). Sixtus V. ließ diesen weiten, zweischiffigen Saal von Domenico Fontana zwischen 1587 und 1589 bauen. Durch diese Anlage wird der Belvederehof, den Bramante (1444-1514) als eine einzige räumliche Verbindung zwischen dem südlich gelegenen Papstpalast und dem nördlicheren Palazzetto von Innozenz VIII. geplant hatte, in zwei Höfe geteilt.

Nord-West-Flügel des Belvederehofes. Hier hat das Vatikanische Geheimarchiv seinen Sitz. (Foto: Vatikanisches Geheimarchiv).

V. (Felice Peretti, 1585-1590). Der Begründer des allerersten Kernes der heutigen Sammlung hingegen ist zweifelsohne Nikolaus V. (Tommaso Parentucelli, 1447-1455; s. S. 46). Dieser Papst, der ein leidenschaftlicher Humanist war, und oft auch unter seinem Eigennamen Tommaso Parentucelli zitiert wird, vergrößerte die päpstliche Sammlung ganz bedeutend durch Handschriften und miniete Kodizes, die er auf allen Märkten Europas und des Orients ankaufen ließ. Der wahre Gründer der Vatikanischen Apostolischen Bibliothek ist aber Sixtus IV. (Francesco Della Rovere, 1471-1484; s. S. 57). Er veranlaßte mit der Bulle *Ad decorem militantis Ecclesiae* (Zur Zierde der kämpfenden Kirche, 1475) sozusagen ihre "Geburtsstunde". Demnach wurde sie "zur Vertiefung des katholischen Glaubens, zum Nutzen der Wissenschaft und als Zierde des römischen Pontifex" gegründet. Sie wurde auch mit einer eigenen Rendite und einem festen Sitz versehen. Ferner bekam sie mit Bartolomeo Sacchi, gen. "Platina" den ersten Bibliothekar. Er war einer der bekanntesten Humanisten und Historiker seiner Zeit.

Der Nord-West-Flügel des Belvederehofes beherbergt eine andere sehr wichtige religiöse Institution: das *Vatikanische Geheimarchiv*. Paul V. (1605-1621) begründete als erster zwischen 1611 und 1614 ein modernes Archiv, das als autonome Institution angesehen werden konnte. Seinen Sitz hatte es in den Räumen, wo es sich heute noch befindet. Die Geschichte des Archives der römischen Oberhirten geht aber in die frühesten Zeiten der Kirche zurück und knüpft so eine enge Verbindung zu seinen Ursprüngen, Aktivitäten und seiner Entwicklung. Auf Wunsch von Papst Leo XIII. (1878-1903) wurde es 1880 den Wissenschaftlern für Forschungszwecke geöffnet. Das Vatikanische Geheimarchiv ist dazu bestimmt "alle Akten und Dokumente zu enthalten, die die Regierung der Universalkirche betreffen" (*Motu proprio* "Fin dal Principio" [von allem Anfang an], von Leo XIII., 1. Mai 1884). Hier werden etwa 8500 Dokumente aufbewahrt, die vom 9. Jahrhundert bis in die zweite Hälfte des 19. Jahruhunderts reichen.

Eine andere überaus wichtige Einrichtung ist das "*Istituto per le Opere di Religione*", besser als "I.O.R." bekannt. Es entstand als Institut für die Vorsorge und Verwaltung von finanziellen Mitteln, die für Werke religiöser Art und für Hilfszwecke bestimmt waren. Papst Pius XII. gründete das I.O.R. im Jahr 1942. Eine gründliche Umstrukturierung nahm 1990 Papst Johannes Paul II. vor. Es handelt sich um eine Finanzinstitution, die als "Zentraleinrichtung" der Kirche gilt, da sie Teil der Römischen Kurie ist, der wiederum die spirituelle Leitung der Kirche obliegt.

Der historische Ursprung des Vatikans

Das Wort "Vatikan" geht auf die ursprüngliche Bezeichnung des Gebietes in der Antike zurück. Dieses weite Areal rechts des Tibers war zum Teil eben (*ager Vaticanus*/ Vatikanische Ebene), zum Teil hügelig (*mons Vaticanus*/ Vatikanischer Hügel). Die Römer betrachteten diese Zone als viel zu abgelegen, sodaß hier vorerst keine nennenswerten Siedlungen entstanden.

In der Kaiserzeit wählten die Herrscher dieses Gebiet als bevorzugten Sitz für ihre Villen. Hier gab es wunderschöne Gartenanlagen, wie die der Agrippina (*horti Agrippinae*), Mutter von Kaiser Caligula (37-41 n. Chr.), oder wie die der Familie der Domitier. Diese gelangten auf dem Wege einer Erbschaft an Kaiser Nero (*horti Neronis*). Caligula ließ in den Gärten der Villa seiner Mutter eine große private Wagenrennbahn anlegen. Kaiser Nero (54-68 n. Chr.) erweiterte sie. Auf der zentralen Mittelmauer (spina) erhob sich ein riesiger Obelisk, der aus Heliopolis in Ägypten stammte. Er bildet heute den Mittelpunkt des Petersplatzes.

Dieser Wagenrennzirkus wurde auf Befehl von Kaiser Nero in den Jahren nach 64 n. Chr.[2] zum Schauplatz einer grausamen Christenverfolgung, der auch der Apostel Simon Petrus zum Opfer fiel. Gemäß einer antiken Überlieferung wurde der heilige Petrus *iuxta obeliscum* (beim Obelisken) mit dem Kopf nach unten gekreuzigt. Er wurde in einem bescheidenen Erdgrab in einem Gebiet, das sich etwas nördlich, längs der Via Cornelia ausdehnte, bestattet.

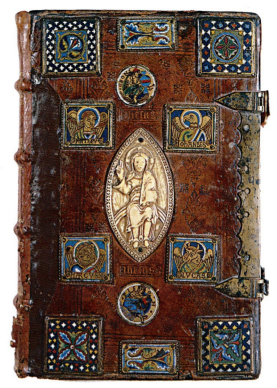

Buchumschlag des "Lektionars" von Ravensberg, Cod. Pal. Lat. 502. (Foto: Vatikanische Apostolische Bibliothek).

Rechts: *Eine Miniatur aus dem Kodex der Apostelgeschichte, Briefe (Vat. Gr. 1208, fol. 2r), mit der Darstellung des hl. Petrus und des hl. Johannes.*
(Foto: Vatikanische Apostolische Bibliothek).

Links: *Das Vatikanische Geheimarchiv. Zweiter Saal im ersten Stock, mit der Marmorbüste von Pater A. Thenier, Präfekt von 1855 bis 1870. Das Fresko über der Tür zeigt das Wappen von Kardinal Scipio Borghese, der von 1609 bis 1618 hier Bibliothekar war. (Foto: Vatikanisches Geheimarchiv).*

Unten links: *Das Siegel von Friedrich Barbarossa (1164). Es ist eines der wertvollsten aus der berühmten Sammlung des Vatikanischen Geheimarchives.(Foto: Vatikanisches Geheimarchiv).*

Unten rechts: *Eine Seite aus dem Kodex des Virgilius Romanus, Vat. Lat. 3867, fol. 3v. (Foto: Vatikanisches Geheimarchiv).*

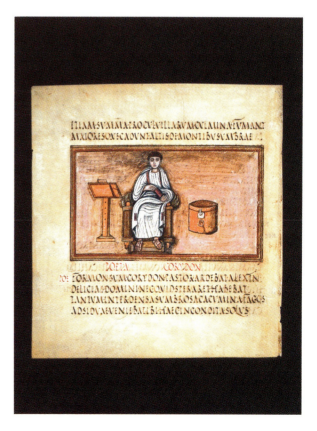

St. Peterskirche

Die konstantinische Basilika

Kaiser Konstantin der Große (306-337) wollte das Grab des Apostelfürsten würdig hervorheben und ließ deshalb darüber eine großartige Basilika errichten. Ihr Grundriß wies ein lateinisches Kreuz[3] mit fünf Schiffen auf und wurde nach sieben oder acht Jahren Bauzeit um 330 n. Chr. vollendet. Um das Grab des Märtyrers zum Mittelpunkt und Kern - hier entstand der Hauptaltar - seiner Basilika zu machen, mußte der Hügel teilweise abgetragen und ein Großteil des Friedhofes, der noch in Gebrauch war, zugeschüttet werden. Gemäß einer Legende begann der Kaiser mit seinen eigenen Händen die Fundamente auszuheben und füllte zwölf Behälter mit Erde, symbolisch für jeden Apostel einen. Die konstantinische Basilika wurde ab 1506 durch die heutige ersetzt. An sie erinnern nur mehr schriftliche Dokumente und Zeichnungen[4]. Vor der alten Basilika lag ein weites Atrium, in dessen Mitte ein Brunnen für rituelle Waschungen lag. Den Brunnen zierte ein riesiger Bronzezapfen (Pigna). Er steht heute vor der großen Nische im gleichnamigen Hof der Vatikanischen Museen (Cortile della Pigna). Die Hauptfassade war mit wunderbaren Mosaiken ausgestattet. Sie stellten Christus und die vier Evangelisten dar, wie u.a. aus dem Fresko des *"Borgo-Brandes"* in der gleichnamigen Stanze des Raffael im päpstlichen Wohnappartement hervorgeht. Das Innere der Basilika war mit herrlichen Marmor- und Mosaikdekorationen ausgestattet und enthielt zahlreiche Grabmonumente von Päpsten, die in der Nähe des Petrusgrabes beigesetzt worden waren.

Die Heutige Basilika

Die Außenfassade

Die heutige Peterskirche ist das Ergebnis eines langwierigen Wiederaufbaues: Sie entstand an Stelle der alten konstantinischen Basilika. Einhundertzwanzig Jahre (1506-1626) lang arbeiteten daran ununterbrochen zahlreiche Päpste (18) und Architekten (12). Darauf spielt das italienische Sprichwort an, das sich bei einer extrem lang dauernden Tätigkeit auf die "Fabbrica di San Pietro" (die Bauhütte von St. Peter) bezieht. Bereits zur Zeit *Nikolaus V.* (1447-1455) war die konstaninische

Rekonstruktion des Vatikanischen Zirkus. Das Gebiet, wo sich die Wagenrennbahn des Caligula und Nero erstreckte, war Schauplatz der ersten Christenverfolgung, der auch der Apostel Petrus erlag. Heute ist das Areal vom südlichen Teil der Basilika überbaut.

Schnitt durch die Konstantinische Basilika, von einem Fresko (1616) von Giovan Battista Ricci da Novara, das sich heute, auf Leinwand übertragen, in der sog. Kapelle "della Bocciata" in den Vatikanischen Grotten befindet. (Foto.: Archiv der Fabbrica di San Pietro in Vaticano).

Basilika vom Zahn der Zeit ziemlich angegriffen und sehr baufällig. Deshalb beauftragte der Papst die Architekten Leon Battista Alberti und Roberto Rossellino mit einem Entwurf für einen vollkommenen Neubau. Die Arbeiten wurden wohl sofort aufgenommen, doch nach kurzer Zeit durch den Tod des Papstes unterbrochen.

Das heutige Gebäude der Basilika verdanken wir der tatkräftigen Energie von Papst *Julius II.* (1503-1513). Er übertrug Donato Bramante den Entwurf für die neue Kirche.

Der Architekt aus Urbino, der wegen diesem Auftrag den Spitznamen "Mastro Ruinate" (Meister im Ruinieren) bekam, lieferte die Idee einer Basilika über einem griechischen Kreuz[5]. Sie wies eine große halbkugelförmige Hauptkuppel und vier kleinere Kuppeln über den Kreuzarmen auf. Baubeginn war im April 1506. Die Arbeiten wurden jedoch durch den Tod von Julius II. (1513) und von Bramante (1514) unterbrochen. Damals waren gerade die vier Hauptpfeiler und Stützbögen der Kuppel fertig. Verschiedene Architekten folgten in der

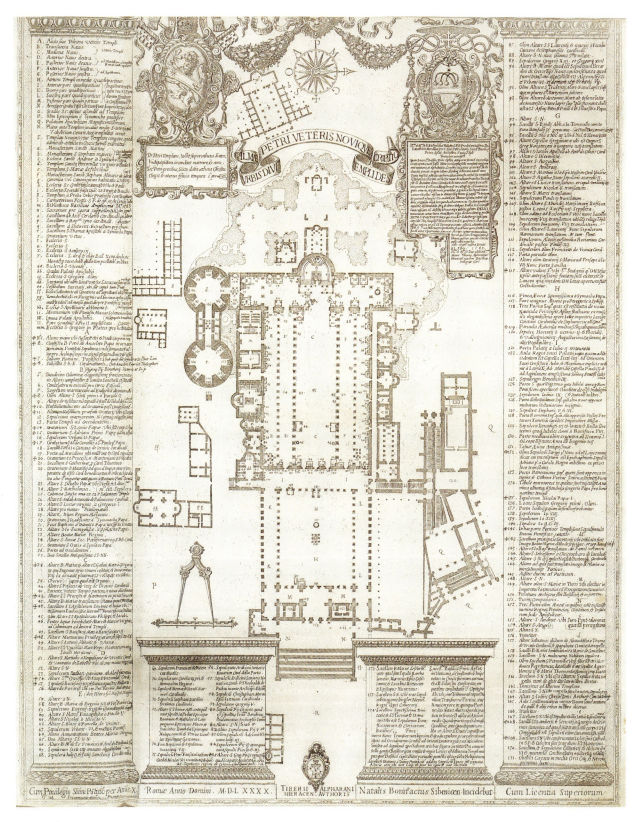

Plan der alten Basilika von St. Peter, Kupferstich (1589-90) von Tiberio Alfarano. Der Druck ist eine wertvolle Dokumentation hinsichtlich der Aufstellung der Altäre, der Gräber, der Ziborien, und der Monumente, die im Lauf der Jahrhunderte die mittelalterliche Basilika zierten. Um eine Nuance heller erscheinen die Umrisse der neuen Basilika. (Foto: Vatikanische Apostolische Bibliothek).

Detail des Wandgemäldes "Der Borgobrand" (um 1517) in der gleichnamigen Stanze des Raffael. Von der Benediktionsloggia erteilt Papst Leo IV. den Segen. Links im Hintergrund kann man die mosaikgeschmückte Außenfassade von Alt-St. Peter erkennen.

Unten: *Ansicht der Fassade und des Atriums der alten St. Petersbasilika. Die Zeichnung stammt von Domenico Tasseli (um 1611) und stellt im Vordergrund das antike Atrium der Basilika dar, das man auch wegen seiner herrlichen Marmorverkleidung und Dekorationen "Paradies" nannte. Im Hintergrund erkennt man den Mosaikschmuck der auf Wunsch von Gregor IV. (827-844) entstand und von Gregor IX. (1237-41) restauriert wurde. (Foto: Vatikanische Apostolische Bibliothek).*

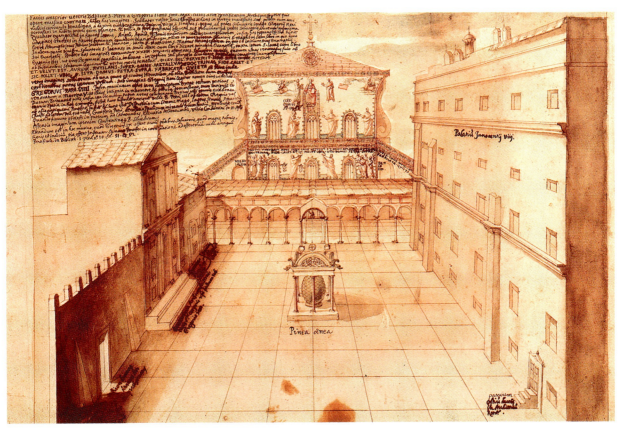

Die Kuppel von Michelangelo, die von Giacomo della Porta 1590 vollendet wurde. In der Radierung von Martino Ferrabosco (1620) erkennt man auf der linken Hälfte die Außenansicht der Kuppel, auf der anderen die Innendekoration. (Foto: Archiv der Fabbrica di San Pietro in Vaticano).

Bauleitung auf Bramante. Der erste war Raffaello Sanzio, der das Originalprojekt von Bramante radikal veränderte. Er nahm die Idee des lateinischen Kreuzes mit einem Langhaus und fünf Kirchenschiffen auf. Diese Idee behielten auch die Architekten nach Raffael bei, darunter vor allem Antonio da Sangallo der Jüngere. Papst Paul III. (1534-49), unter dem die Bauarbeiten einen neuen Anstoß bekamen, betraute ihn mit der Bauleitung.

Eine große Wende fand 1547 statt. Damals übernahm Michelangelo Buonarroti auf Wunsch des gleichen Papstes die Dombauhütte. Er kehrte zur Idee des Zentralbaues über einem griechischen Kreuz mit einer großen Kuppel in der Art von Santa Maria del Fiore in Florenz wieder zurück. Michelangelos Projekt für die Kuppel drückte dem Panorama der ewigen Stadt einen unverwechselbaren Charakter auf. Der "Cuppolone" (die große Kuppel), wie die Italiener die Kuppel nennen, wurde zum Symbol des christlichen Rom. Als Michelangelo starb (1564), waren die Arbeiten bis zum Tambour[6] gediehen. Die Fertigstellung der Kuppel verdanken wir den beiden Architekten Giacomo Della

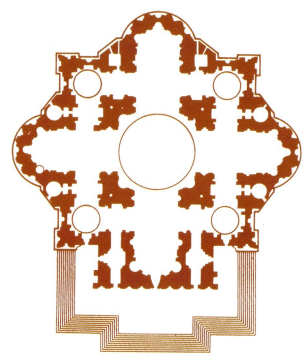

Entwurf des Bramante für die neue Basilika von St. Peter.

Porta und Domenico Fontana. Sie vollendeten auf Wunsch des überaus energischen Papstes Sixtus V. (1585-1590) das Werk 1590 in nur zweiundzwanzig Monaten.

Carlo Maderno entwarf im Auftrag von Papst Paul V. (1605-1621) die großartige Fassade (1612-1616) der neuen Peterskirche. Dieser große Barockarchitekt nahm wieder das lateinische Kreuz samt der Idee des verlängerten Mittelschiffes auf.

Dreizehn Jahrhunderte nach der Errichtung der ersten Basilika fand unter Urban VIII. (Maffeo Barberini, 1623-1644) am 18. November 1626 die feierliche Weihe der neuen Peterskirche statt. Gian Lorenzo Bernini verstärkte den grandiosen optischen Effekt der Außenfassade der größten Basilika der Christenheit (ihre Fläche beträgt etwa 25.000 Quadratmeter) durch den Ausbau des Petersplatzes. Mit der architektonischen Lösung der Kolonnaden über elliptischem Grundriß (1656-1667) gelang es ihm eine mütterliche Umarmung der Gläubigen durch die Kirche zu symbolisieren.

Das Innere

"Man kann nicht anders, als eine Religion, die fähig ist eine derartige Schönheit hervorzubringen, in höchstem Maße zu bewundern. Nichts auf der Welt kann mit dem Inneren von St. Peter verglichen werden. Nach einem Jahr Aufenthalt in Rom gehe ich immer wieder hin, um hier stundenlang in größter Wonne zu verweilen." (Standhal). Diese Worte schrieb der berühmte französische Romanschriftsteller im vorigen Jahrhundert während seines langen Aufenthaltes in Italien. Man kann mit ihm sicher einer Meinung sein.

Betritt man Sankt Peter, die größte jemals errichtete christliche Basilika, ist man sofort überwältigt. Im ersten Augenblick scheint das monumentale Innere die menschliche Nichtigkeit hervorzuheben. Doch dann veranlaßt die Unendlichkeit des Raumes, die den Einzelnen umgibt, sich als Teil einer größeren und tieferen Realität zu fühlen und in eine ganz andere Dimension einzutauchen, eine Dimension reiner Kontemplation des göttlichen Mysteriums.

Kupferstich (um 1575) mit der Darstellung eines päpstlichen Segens auf dem alten Petersplatz. Im Hintergrund erkennt man die Kuppel, die zehn Jahre nach dem Tod des Michelangelo erst bis zum Tambour reichte.

Luftbild des Petersplatzes mit den Kolonnaden des Bernini. (Foto: Archiv Alinari).

Vorherige Seite: *Statuen auf der Außenfassade von St. Peter. Der segnende Christus wird vom hl. Johannes d. Täufer (links) und dem hl. Andreas (rechts) flankiert. Über der Fassade erheben sich 13 Figuren mit Christus in der Mitte, der von den Aposteln umgeben ist. An der Stelle von Judas Ischariot erscheint Johannes d. Täufer. (Foto: Archiv der Fabbrica di San Pietro in Vaticano).*

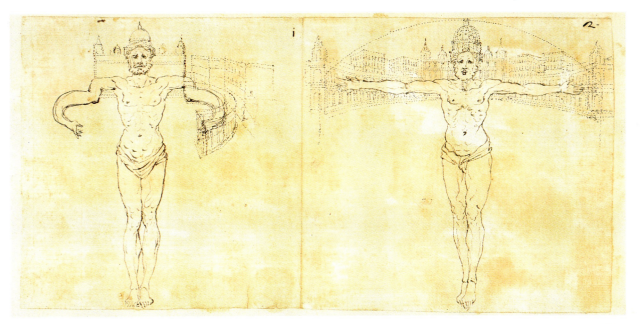

Zeichnung mit der Darstellung des Petersplatzes, die symbolisch eine menschliche Figur nachahmt. Diese Doppelzeichnung (Tinte, XVII. Jahrhundert) wird in der Vatikanischen Bibliothek aufbewahrt und wurde einst für ein Original von Bernini gehalten. Sie zeigt, wie sich der geniale Künstler bei der Realisierung der Kolonnaden des Petersplatzes von der Vorstellung, daß die "Mutter" Kirche die Gläubigen, ihre "Kinder" umarmt, inspirieren ließ. (Foto: Vatikanische Apostolische Bibliothek).

Das Herz der Basilika ist das Grab des heiligen Petrus: Die Kreativität von Bernini hob den Altar, der sich darüber befindet, durch den gewaltigen Bronzebaldachin (1633) großartig hervor. Auf diese Art wurde dem Heiligtum des Petrus als Mittelpunkt der riesigen Basilika der richtige Stellenwert zugewiesen. Die großen gewundenen Bronzesäulen (29 Meter) entstanden aus dem Material, das auf Geheiß von Papst Urban VIII. (Maffeo Barberini, 1623-1644) aus der Vorhalle des Pantheons entnommen wurde. Sie kosteten ein Zehntel der Einnahmen der Kirche.

Schaut man sich im Mittel-und im Nebenschiff um, bemerkt man sofort die Statuen von Ordensgründern und die Altäre und Grabmonumente der Päpste. Das alles ist in einer prachtvollen Barockdekoration eingefaßt, die vor allem auf Bernini zurückgeht, der neben dem Baldachin auch die Bronze-Kathedra (1666) in der Apsis schuf. Sie entstand, um jene Reliquie würdig aufzubewahren, welche die Legende als Bischofsstuhl des Petrus bezeichnete. Von hier soll Petrus in seinen letzten Lebensjahren zu den Gläubigen gesprochen haben[7].

Die gewaltige Kathedra von Bernini beherrscht das heilige Areal der Basilika. Bereits vom Eingangsportal aus kann man sie durch die Säulen des Baldachins hindurch zwischen goldenen Engeln, Strahlen und Wolkenfeldern erkennen. Darüber schwebt als Mittelpunkt die Taube *des Heiligen Geistes.*

Das einfallende Sonnenlicht taucht alles in eine goldene Atmosphäre. Die Bronze-Kathedra wird von vier Kirchenlehrern gestützt: zwei lateinische, die heiligen Ambrosius und Augustinus und zwei griechische, die heiligen Athanasius und Johannes Chrysostomus.

In der Apsis rechts befindet sich das von Bernini 1647 geschaffene Grabmal von Urban VIII. (der Entdecker und Beschützer von Bernini). Das großartige Bronzemonument zeigt die thronende Figur des Papstes in Pontifikalgewändern und Tiara, mit der zum Segen erhobenen Hand . Weiter unten erkennt man die Figuren der Barmherzigkeit und der Gerechtigkeit.

In den beinahe zehn Meter hohen Nischen der Stützpfeiler der gewaltigen Kuppel stehen vier Monumentalstatuen. Sie entstanden nach Entwürfen von Bernini und stellen den hl. Longinus (von Bernini selbst geschaffen), die hl. Helena (Andrea Bolgi), die hl. Veronika (Francesco Mochi) und den hl. Andreas (Francesco Duquesnoy), dar.

An dem Pfeiler des hl. Longinus befindet sich im Mittelschiff die wunderbare Bronzestatue des hl. Petrus auf dem Thron. Sie wird von angesehenen Wissenschaftlern Arnolfo di Cambio (1245-1302) zugeschrieben.

Die St. Petersbasilika: Die imponierende, von Carlo Maderno errichtete Fassade wurde unter dem Pontifikat von Paul V. (1605-1621) vollendet. Sie besteht aus einer einzigen Kolossalordnung aus Säulen und Lisenen, auf der ein Gesims liegt, das von 13 Statuen bekrönt wird. Den strahlenden Mittelpunkt bildet der Erlöser. (Foto: Archiv der Fabbrica di San Pietro in Vaticano).

Diese Figur wird seit dem Mittelalter zutiefst verehrt. Millionen von Gläubigen haben den rechten Fuß seither immer wieder geküßt und berührt -und tun das heute noch - , so daß er seine ursprüngliche Form verloren hat und infolge der Abnutzung blank poliert ist. Am 29. Juni, dem Fest von Peter und Paul, wird diese Statue mit heiligen Paramenten bekleidet und mit einer Tiara bekrönt. Sie ist ein Symbol der dreifachen Macht der Päpste (Vater der Könige, Beherrscher der Welt und Stellvertreter Christi).

Etwa in der Mitte des rechten Seitenschiffes befindet sich die von einem wunderbar gearbeiteten barocken schmiedeeisernen Gitter abgeschlossene Sakramentskapelle. Auf dem Hauptaltar steht das kostbare Ziborium aus Bronze. Auch das ist ein Werk des Bernini (1674), der sich bei seinem Entwurf sicherlich von dem Tempelchen des Bramante in S. Pietro in Montorio inspirieren ließ.

Geht man in Richtung Eingang, so kommen wir zur ersten Kapelle rechts. Sie beherbergt die 1498 von Michelangelo geschaffene Pietà, eines der meistbewunderten Kunstwerke der christlichen Kunst. Diese wun-

Außenansicht der St. Petersbasilika von Nord-Westen aus.

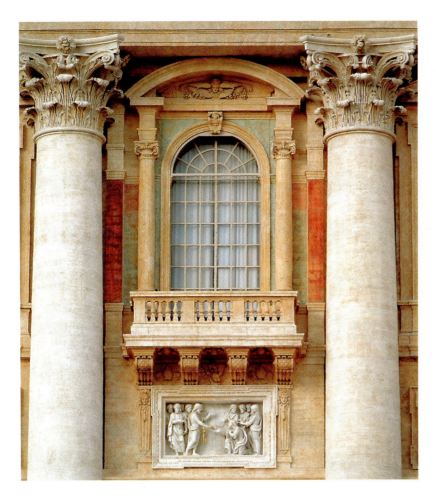

*Fassade der Basilika von
St. Peter. Detail der Benediktionsloggia mit
dem von Buonvicino geschaffen
Marmorrelief (1552-1622).
Die Darstellung zeigt die
"Schlüsselübergabe an Petrus"
(Foto: Archiv der Fabbrica di San Pietro
in Vaticano).*

*Basilika von St. Peter. Statue des hl. Petrus
auf dem Vorplatz der Basilika von G. De
Fabris geschaffen (1790-1860).
(Foto: Archiv der Fabbrica di
San Pietro in Vaticano).*

Die Kuppel von St. Peter. Der imposante Bau (140 Meter hoch, 42 Meter im Durchmesser) steht auf einem hohen Tambour mit Doppelsäulen, die mit großen Fenstern abweschseln. Darüber befindet sich ein Sockel mit Festons und Löwenköpfen, der die Basis für die tragenden Rippen der Kuppel bildet. Auf der Spitze bekrönt die Laterne, ebenfalls mit Doppelsäulen, die Kuppel. Sie wird von einer vergoldeten Bronzekugel überragt, auf der ein Kreuz steht.

Innenansicht der Kuppel von St. Peter. Das Innere ist mit Mosaiken verkleidet und in 16 Felder aufgeteilt, die zur Laterne hin zusammenlaufen. Hier erkennt man die Gestalt des Ewigen, die Hand zum Segen erhoben. In dem untersten Mosaikring an der Basis des Tambours steht in Mosaiklettern das berühmten Zitat aus dem Evangelium geschrieben (Mt. 16, 18-19): Tu es Petrus et super hanc Petram aedificabo ecclesiam meam. Tibi dabo claves regni caelorum (Du bist Petrus und auf diesen Felsen werde ich meine Kirche bauen. Ich werde dir die Schlüssel des Himmelreiches geben", Mt. 16,18-19).
Diese Worte bedeuten die Investitur des Petrus mit der Leitung der Kirche. (Foto: Archiv der Fabbrica di San Pietro in Vaticano).

derbare Figurengruppe wurde vom dem erst vierundwanzig Jahre alten Meister aus einem einzigen Marmorblock gemeißelt. Eine schußsichere Glasscheibe schützt die Plastik, die 1972 von einem Geistesgestörten mit zahlreichen Hammerschlägen verunstaltet wurde. Die Mitarbeiter der Restaurierungswerkstätte der Vatikanischen Museen behoben die Schäden.

Über das einzige von Michelangelo signierte Werk - seine Unterschrift befindet sich auf dem Schulterband der Madonna - schrieb Giorgio Vasari: *"Zu den Schönheiten des Werkes gehört, außer den göttlichen Gewändern, der Leichnam Christi, dessen Glieder so herrlich, dessen Leib so kunstvoll ist, daß niemand wähne eine nackte Gestalt finden zu können, bei der Muskeln, Adern und Nerven mit so richtiger Beachtung über die Knochen gelegt sind, noch einen Toten mit einer solchen Totenähnlichkeit. In den Zügen des Angesichts spricht sich die höchste Sanftmut aus, in den Ansätzen und Verbindungen der Arme und Beine mit dem Körper herrscht solche Übereinstimmung, Arme und Gelenke sind also gearbeitet, daß man immer und immer erstaunt, wie die Hand eines Künstlers in der kurzen Zeit, darin das geschah, dies bewunderungswürdige Werk so göttlich und genau auszuführen vermochte ..."*

Das Herz der Basilika bildet die "Confessio"[8], die Zone um das Grab des Apostels Petrus. Ihm sind die Worte gewidmet, die in dem Streifen unter der Kuppel angebracht sind und die eine großartige Krönung des Heiligtums bedeuten: *Tu es Petrus et super hanc petram aedificabo ecclesiam meam et tibi dabo claves regni caelorum* ("Du bist Petrus und auf diesen Felsen werde ich meine Kirche bauen. Ich werde dir die Schlüssel des Himmelreichs geben", Mt. 16,18-19).Dieses heilige Gebiet ist seit dem Ende des ersten Jahrhunderts das Ziel zahlloser Pilger aus der ganzen Welt, die eine endlose Reise in Kauf nahmen um "Petrus zu sehen" *(videre Petrum)*. Die Confessio word von einer goldglänzenden halbkreisförmigen Ballustrade und zwei ebensolchen Rampen umgeben, über der Tag und Nacht neunundneunzig Öllampen brennen. Sie sind ein Symbol für den unauslöschlichen Glauben. Am Ende dieser Doppelrampen befand sich einst die Statue Pius VI. (1775-99). Es handelt sich um das letzte Werk von Antonio Canova (1822) und wird heute in den Vatikanischen Grotten aufbewahrt. Von dieser Statue lieferte Canova nur das Modell und den Kopf (der Rest wurde von seinem Schüler Adamo Tadolini geschaffen). Sie stellt den Papst, der im Exil in Valenza starb, in tiefem Gebet dar. Steigen wir die Doppeltreppe weiter hinab, kommen wir zu der sog. "Palliennische". Hier liegen in einem wertvollen Bronzeschrein die Pallien (weiße Wollstolen mit schwarzen Kreuzen). Sie werden aus der Wolle der Lämmer gewebt, die am 21. Januar, dem Festtag der hl. Agnes, in der gleichnamigen Kirche geweiht werden. Der Papst überreicht sie den Erzbischöfen, die auch Metropoliten sind, als Zeichen ihrer Berufung als Hirten der christlichen Gläubigen. Auf der Rückwand der Nische erkennt man das Mosaik des Christus Pantokrator (griech.: "Allmächtiger") aus dem 9. Jahrhundert.

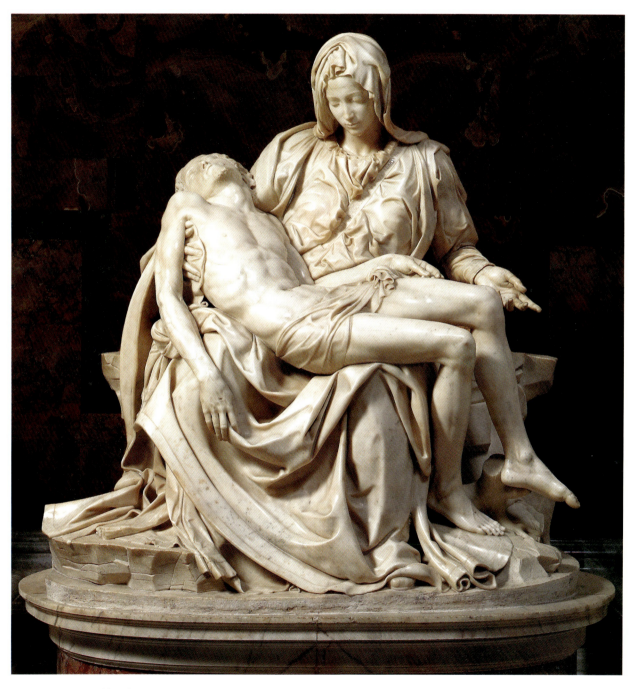

Die Pietá. Diese weltberühmte Figurengruppe ist ein Jugendwerk des damals erst 24 Jahre alten Michelangelo. Der französische Kardinal Jean Bilhéres de Lagraulas erteilte ihm dazu den Auftrag, denn er wollte sie in der Kapelle der Petronilla aufstellen, wo sie auch bis zum Abriß der Kapelle blieb. Das Thema der "Pieta" eignete sich besonders für das Genie des Meisters: tatsächlich schuf er vier Marmorgruppen dieses Themas, wobei diese Plastik die einzige vollendete ist. (Foto: Archiv der Fabbrica di San Pietro in Vaticano).

Der Bronzebaldachin und im Hintergrund die Bronzekathedra des Bernini. Der imposante Baldachin wurde von Urban VIII. am 29. Juni 1633 eingeweiht. Es handelt sich dabei um ein 29 Meter hohes Meisterwerk aus dem Barock. Es bekrönt in grandioser Weise den Papstaltar im Mittelpunkt der von Michelangelo entworfenen Kreuzarme. Im Hintergrund erkennt man das zweite große Werk des Bernini: den Altar der Kathedra (1657-1666). Es ist ein prunkvolles und theatralisches Monument, das den Primat des Petrus hervorheben soll. (Foto: Archiv der Fabbrica di San Pietro in Vaticano).

Oben rechts: *Bronzestatue des segnenden hl. Petrus.* Diese uralte Sitzfigur wird von einigen Fachleuten dem Bildhauer Arnolfo di Cambio (1245-1302) zugeschrieben. Andere Wissenschaftler sind wiederum der Meinung, daß es sich um ein anonymes Werk aus dem 5. Jahrhundert handeln könnte. (Foto: Archiv der Fabbrica di San Pietro in Vaticano).

Die Vatikanischen Grotten

Wir wenden uns nun von der Confessio ab und richten unsere Schritte zum Pfeiler des Longinus. Über einige Stufen erreicht man das weiträumige Untergeschoß, die Vatikanischen Grotten. Sie entstanden zusammen mit der neuen Basilika unter den Päpsten Gregor XIII. (1572-1585) und Klemens VIII. (1592-1605). Damals wurde der Fußboden der neuen Peterskirche im Verhältnis zur konstantinischen Basilika um etwa zwei Meter angehoben. Der Zwischenraum, der dabei entstand, bot Platz für die Grabmonumente, Figuren und Mosaiken des Vorgängerbaues.

Das unterirdische Areal weist zwei Teile auf: einen weiten, überwölbten Raum, der aus drei Schiffen besteht (hier befinden sich zahlreiche Grabdenkmäler der Päpste) und einen verhältnismäßig engen Gang, der wie ein Ring um das Grab des heiligen Petrus herumführt. Von hier führen kleine Stichgänge zu Seitenkapellen, die strahlenförmig das Petrusgrab umgeben.

Die Capella Clementina in der Mitte bildet den Kern der Heiligen Grotten. Sie geht auf eine erhebliche Erweiterung unter Klemens VIII. zurück, der die antike Ringkrypta Gregors des Großen (590-604) vergrößern ließ. Von hier kann man einen Teil des von Kaiser Konstantin über dem Grab des Apostels errichteten Denkmals gut erkennen. Unter den Vatikanischen Grotten liegt die vorkonstantinische Nekropole (2.-3. Jahrhundert n. Chr.) für deren Besichtigung man eine besondere Anfrage an das Ufficio Scavi der Fabbrica di S. Pietro richten muß.

Links: *Palliennische. In dieser kostbaren Nische werden in einem Bronzeschrein die Pallien aufbewahrt. Dabei handelt es sich um weiße Wollstolen, die der Papst Bischöfen, die auch Metropoliten sind, als Zeichen für ihre heilige Mission überreicht.* (Foto: *Archiv der Fabbrica di San Pietro in Vaticano*).

Die Holzkathedra soll der Überlieferung nach der Thron sein, von dem aus der hl. Petrus predigte. In Wirklichkeit handelt es sich um ein Geschenk Karls des Kahlen an den Papst aus Anlaß seiner Kaiserkrönung (875). (Foto: Archiv der Fabbrica di San Pietro in Vaticano).

Der hl. Ambrosius. Detail von einer der vier eindrucksvollen Statuen, die die Kirchenlehrer der Westkirche und der Ostkirche darstellen. Sie befinden sich an der Basis der Kathedra des Bernini. (Foto: Archiv der Fabbrica di San Pietro in Vaticano).

Cappella Clementina (Kapelle Klemens VIII.). Hinter dem Altar erkennt man durch ein Gitter den rückwärtigen Teil des Grabmonumentes, das Konstantin der Große zu Ehren des Apostels Petrus errichten ließ.
(Foto: Archiv der Fabbrica di San Pietro in Vaticano).

DIE VORKONSTANTINISCHE NEKROPOLE

Monument Urbans VIII. Für seinen Förderer schuf Gian Lorenzo Bernini dieses großartige Grabmonument (1647), das den Pontifex mit segnend erhobener Hand darstellt. (Foto: Archiv der Fabbrica di San Pietro in Vaticano).

Statue von Pius VI. Diese von Canova begonnene und von Tadolini (1822) vollendete Figur steht heute vor der Rückwand des Mittelschiffes der Vatikanischen Grotten. Auf der Basis kann man die lateinische Inschrift: "Pius VI. aus Cesena. Betet für ihn" lesen. (Foto: Archiv der Fabbrica di San Pietro in Vaticano).

Die konstantinische Basilika entstand über dem Grab des Apostels Petrus, der in den Jahren zwischen 64 und 67 n. Chr. im Zirkus des Caligula und Nero als Märtyrer starb. Sein Leichnam wurde in einem bescheidenen Erdgrab in einem Gebiet, das sich in der Nähe des Ortes befand, an dem er den Märtyrertod erlitt, beigesetzt. Um dieses einfache Grab entwickelte sich ein großer Friedhof, der aus christlichen und heidnischen Bestattungen bestand. Die Wiederentdeckung dieser Nekropole verdanken wir zum Großteil den Ausgrabungen, die Papst Pius XII. zwischen 1940 und 1951 durchführen ließ. Damals kam eine doppelte Reihe von Grabgebäuden, Mausoleen genannt, ans Tageslicht. Die Archäologen bezeichneten sie mit den Buchstaben des Alphabets. Besonders bemerkenswert ist das erste, östlich gelegene Mausoleum von Popilius Heracla, auch Mausoleum A genannt. In der Inschrift, die der Besitzer hinterließ, äußert dieser ausdrücklich den Wunsch "*in Vaticano ad circum*" (im Vatikan, beim Zirkus) begraben zu werden.

Der wichtigste Teil der Nekropole ist das Areal unmittelbar um das Petrusgrab, das seine sterblichen Überreste umschließt. Es wurde von den Archäologen "Campo C" (Feld C) genannt, befindet sich im Westen und besteht außer aus dem Monument, das über dem Grab des Märtyrers entstand, aus zahlreichen weiteren Bestattungen, die im 1.und 2. Jahrhundert neben der von Petrus entstanden.

Bereits im 2. Jahrhundert wurde das Grab des hl. Petrus besonders hervorgehoben und mit einer "Trophäe" (Siegesmal) oder "Aedicula" (kleiner Altar) versehen. Diese bestand aus einer von zwei Säulen gestützten Nische, die an die "Rote Mauer" angebaut wurde, die das Feld P im Westen begrenzte. Im 3. Jahrhundert errichtete man senkrecht zu der "Roten Mauer" die sog. "Mauer G" oder "Mauer der Graffiti", die von grundlegenem archäologischem Interesse war. Die Wissenschaftlerin Margherita Guarducci entdeckte hier eine kleine Öffnung, in die - aus dem Originalgrab unter der Roten Mauer - die sterblichen Überreste des hl. Petrus umgebettet worden waren, um sie vor einer eventuellen Entweihung zu bewahren. Im 4. Jahrhundert machte Konstantin der Große aus dem Grab des Apostels den Mittelpunkt, um den die ihm zu Ehren errichtete Basilika entstand. Er ließ das kleine Monument mit einem eleganten Baldachin umgeben, der auf vier gewundenen Säulen stand. Darüber hing ein feierlicher Leuchter.

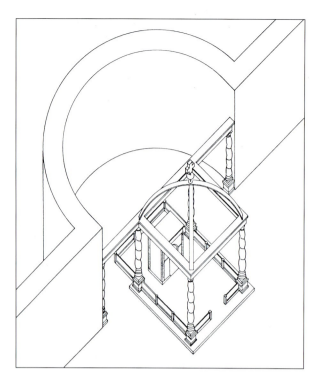

Oben: *Die halbkreisförmige Krypta Gregors des Großen. Gegen Ende des 6. Jahrhunderts wurde der Fußboden der Apsis um etwa anderthalb Meter angehoben. In dem Zwischenraum schuf man einen halbkreisförmigen Gang, von dem man zu einem Altar gelangte, der an die konstantinische "Trophae" angebaut war.*

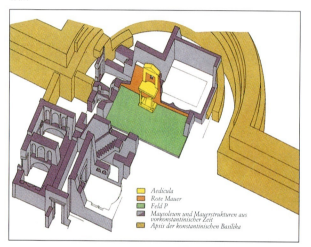

Rekonstruktion des konstantinischen Monumentes: es handelt sich um einen Baldachin aus Bronze, der auf vier gewundenen Säulen ruht. Daran inspirierte sich etwa 1300 Jahre später Gian Lorenzo Bernini bei seinem Entwurf für den Baldachin, der das Areal über dem Grab heute noch beherrscht.

Rechts: Axonometrie des sog. "Feldes P". Die Aedicula (Altarnische) über dem Grab des hl. Petrus, die an die Rote Mauer angelehnt wurde, kann man gut erkennen. So sah das Grab vermutlich bereits zu Ende des 2. Jahrhunderts aus.

Gesamtansicht des Mittelschiffes der Vatikanischen Grotten. (Foto: Archiv der Fabbrica di San Pietro in Vaticano).

Innenraum des Mausoleums I, oder "der Quadriga" (1951-1953). Das Gemälde von F. Jurgenson gehört zu einer Serie von zehn Bildern, die verschiedene Ansichten der Vatikanischen Nekropole zeigen und Papst Paul VI. geschenkt wurden. (Foto: Archiv der Fabbrica di San Pietro in Vaticano).

Unten: *Innenraum des Mausoleums F oder des "C. Caetennius Antigonus" (1957-1958). Auch auf diesem Gemälde stellt Jurgenson das Innere des ersten ausgegrabenen Mausoleums wahrheitsgetreu dar. Es kam im Zuge der Arbeiten, die zwischen 1940-51 unter der Basilika durchgeführt wurden ans Tageslicht. (Foto: Archiv der Fabbrica di San Pietro in Vaticano).*

DIE SAKRISTEI UND DER DOMSCHATZ VON ST. PETER

Die Besichtigung der Peterskirche wird durch einen Besuch der Sakristei mit dem Museum, in dem der Schatz von Sankt Peter aufbewahrt wird, erst richtig vervollständigt. Das Sakristeigebäude südlich der Basilika entwarf und vollendete Carlo Marchionni im Jahre 1784. Im ersten Stock neben der Sakristei der "Beneficiati" befindet sich das Museum mit dem Schatz von Sankt Peter. Hier sind die kostbaren Sakral-und Kultgegenstände ausgestellt, welche die verschiedenen Plünderungen vergangener Zeiten überdauert haben und im Laufe der Jahrhunderte von Kaisern, Königen, Fürsten und anderen herausragenden Persönlichkeiten der Vatikanischen Basilika geschenkt wurden.

Zu den ältesten und wertvollsten Exponaten gehört das "Kreuz von Justinus II.", das von diesem Kaiser im Jahre 570 gestiftet wurde und die sog "Dalmatika von Karl dem Großen" (800), die als Geschenk des Gründers des Heiligen Römischen Reiches gilt, in wirklichkeit aber ein Meiserwerk aus dem 11. Jahrhundert ist.

In den Sälen IV und IX sind zwei Werke von größtem künstlerischem Interesse ausgestellt. Im Saal IV kann man das bemerkenswerte, von Antonio Pollaiolo geschaffene Bronzegrabmonument von Sixtus IV. besichtigen. Der Bildhauer signierte und datierte sein Werk 1493. Im Saal IX wird der "Sarkophag des Junius Bassus" (um 359) aufbewahrt. Er stellt eines der außergewöhnlichsten Exemplare der christlichen Kunst der ersten Jahrhunderte dar.

Oben: *Museum des Domschatzes von St. Peter, Kreuz von Justinus II. (6. Jahrhundert). (Foto: Domkapitel von St. Peter).*

Unten: *Museum des Domschatzes von St. Peter: sog. "Dalmatika von Karl dem Großen", (11. Jahrhundert ca.). (Foto: Domkapitel von St. Peter).*

Folgende Seite, oben: *Museum des Domschatzes von St. Peter: Der Sarkophag des Junius Bassus kam während der Bauarbeiten für die Neue Basilika 1595 ans Tageslicht. Das wertvolle Fundstück aus parischem Marmor wurde für den Stadtpräfekten Junius Bassus hergestellt, der erst 42 Jahre alt, starb. Die Vorderseite ist mit Themen aus dem Alten und dem Neuen Testament geschmückt. (Foto: Domkapitel von St. Peter).*

Folgende Seite, unten: *Museum des Domschatzes von St. Peter: Das von Antonio Pollaiolo datierte und signierte Grabmonument für Sixtus IV. (Foto: Domkapitel von St. Peter).*

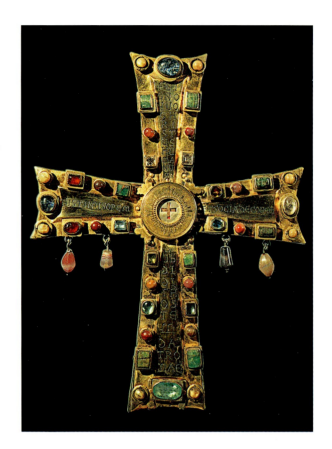

DIE APOSTOLISCHEN PALÄSTE

Den Leitfaden dieses Kapitels bildet die Geschichte der Päpste. Auf ihre Initiative entstanden nördlich der Basilika im Laufe der Jahrhunderte die apostolischen Paläste, die immer wieder vergrößert und mit herrlichen Kunstwerken versehen wurden. Heute noch lebt und arbeitet hier der Papst. Wir beschlossen daher auch bei der Beschreibung von Meisterwerken (z. B. Sixtinische Kapelle) einen chronologischen Weg zu beschreiten. Dadurch wird die Einheit deutlich, welche die im Laufe der Zeit aufeinandergefolgten Bauphasen verbindet.

Die ursprüngliche Residenz der Päpste war der Lateran und nicht wie man meinen könnte, der Vatikan. Ein Jahrtausend lang residierten die Päpste im Lateran, bevor sie endgültig in den Vatikan zum Grab des hl. Petrus übersiedelten. Anfangs gab es im Vatikan nur Notquartiere, die in besonderen Fällen bereitgestellt wurden. Als Papst *Symmachus* (498-514) wegen der Anwesenheit des Gegenpapstes Lorenz gezwungen war, den Lateran zu verlassen, ließ er im Vatikan, zwei *"Episcopia"* seitlich der Basilika errichten, eines für sich selbst und eines für den Klerus.

Gleichzeitig entstand um die Basilika des Apostels eine kleine Siedlung. Sie entbehrte jeglicher Verteidigungsanlage und war verhältnismäßig weit vom Stadtkern, auf der anderen Seite des Tibers, entfernt. Im 9. Jahrhundert ließ Papst Leo IV. (847-855) infolge der Entweihung und Plünderung des Grabes des heiligen Petrus und der umliegenden Siedlung durch die Sarazenen (846) das gesamte Gebiet um die Peterskirche befestigen und umgab es mit mächtigen Mauern: Die *"Civitas Leonina"* (leoninische Stadt) entstand. Der erste Papst, der ständig im Vatikan wohnte, war Nikolaus III. (Giovanni Orsini, 1277-1280). Er begann im Bereich des heutigen Papageienhofes mit dem Bau des mittelalterlichen Kernes der Apostolischen Paläste.
Neben dieser befestigten Residenz mit Ecktürmen errichtete er auch die erste Palastkapelle, die im 15. Jahrhundert offensichtlich demoliert worden war, um Platz für die Sixtinische Kapelle zu schaffen[10]. Nikolaus III. erweiterte auch den Mauerring nach Norden und kann deshalb als der Begründer des ersten Kernes der Vatikanischen Gärten angesehen werden.

Die turbulenten historischen Ereignisse, die das 14. Jahrhundert charakterisierten[11], verursachten eine unver-

Südfassade des Palastes von Sixtus V. (Felice Peretti, 1595-90). Er ließ dieses Gebäude errichten, um eine bessere architektonische Aufteilung der Papstappartements zu schaffen (diese Funktion übt der Bau heute noch aus). Der wuchtige quadratische Bau ist ein Werk des Architekten Domenico Fontana. Nach Westen hin blickt die Fassade zum Damasushof. Hier übernahm man die Dekorationen in der Art von übereinandergestellten Loggien auch für den Bau von Sixtus V. Dem Architekten Domenico Fontana verdanken wir weitere große Bauprojekte, die unter dem Pontifikat von Sixtus V. entstanden: Die Errichtung der Vatikanischen Bibliothek, die Übersiedlung des Obelisken auf seinen heutigen Standort in der Mitte des Petersplatzes und die Vollendung der von Michelangelo begonnenen Kuppel von St. Peter (s. S. 90 u. ff.).

Blick in den Papageienhof in Richtung des Borgiahofes.

Detail aus dem Stadtplan von Rom in der Landkarte von Latium und Sabina. Diese befindet sich in der Galerie der Landkarten (Ende d. 16. Jahrhunderts) in den Vatikanischen Museen. Im Vordergrund erkennt man den Vatikan mit seinen gewaltigen Mauern, im Hintergrund die Engelsburg (das ehemalige Grabmal von Kaiser Hadrian).

Rechts: *Der Turm von Nikolaus V. (Tommaso Parentucelli, 1447-1455). Der Rundbau wurde vom Parentucelli-Papst um 1450 als Verteidigungsturm errichtet. Er ist bis heute beinahe unverändert erhalten geblieben und beherbergt den Sitz des "Istituto per le Opere Religiose" (Institut für Werke der Religion, "IOR").*

Folgende Seite, oben links: *Blick auf den Torbogen des "Cortile della Sentinella" (Hof der Wache, Ende d. 16. Jahrhunderts), im Hintergrund der Torbogen zum Cortile Borgia (Borgiahof, Ende d. 15. Jahrhunderts), von der Piazza del Forno aus.*

Folgende Seite, oben rechts: *Teil der Südansicht des Belvederehofes mit dem Borgiaturm auf der rechten Seite.*

Panoramablick über die Apostolischen Paläste von der Kuppel von St. Peter aus. Rechts unten erkennt man die Sixtinische Kapelle, rechts davon die Zone um den Papageienhof. Hier entstand der erste Kern der gesamten Anlage. Weiter oben rechts erkennt man den oberen Teil der Westfassade des Palastes von Sixtus V., der zum Damasushof blickt. Gut erkennbar ist auch die Aufeinanderfolge der drei Höfe (Belvederehof, derjenige der Bibliothek und der Pinienhof), die die Apostolischen Paläste im Süden mit dem Palast Innozenz´ VIII. im Norden verbinden.

meidliche Unterbrechung der Bauarbeiten. Erst Nikolaus V. (Tommaso Parentucelli, 1447-1455) nahm sie im 15. Jahrhundert wieder auf. Diesem Papst, der für seine zwei Vorlieben "Bücher und Bauen" bekannt war, verdanken wir die Idee für ein weitreichendes und ehrgeiziges Erneuerungsprojekt für den Vatikan. Zunächst begann er mit der Errichtung eines zweiten Befestigungsringes, der allerdings nur zum Teil verwirklicht wurde. Man kann davon heute noch den imposanten Turm bei der Porta St. Anna bewundern. Papst Nikolaus V. beendete den Nordflügel des Palastes von Nikolaus III. (man sieht ihn vom Belvedere-Hof). Die Außenfassade entsprach dem Prototyp eines befestigten Palastes aus dem 14. Jahrhundert. Das Innere hingegen atmet bereits den Geist der Renaissance, wie die wunderbaren Dekorationen der Künstler beweisen, die hier arbeiteten. Da sticht vor allem der Dominikanermönch Giovanni da Fiesole hervor, besser bekannt als Beato Angelico (1395-1455), der die Fresken in der berühmten Cappella Nicolina (1447-1450) schuf. Im zweiten und wahrscheinlich auch dritten Geschoß des Turmes von Innozenz III. (1198-1216), der zum ältesten Teil des Apostolischen Palastes gehört, eingerichtet, war sie Ende des 13. Jahrhunderts in den Flügel von Nikolaus III. integriert worden.

DIE KAPELLE NIKOLAUS V.

Die Privatkapelle des Parentucelli-Papstes ist ein kleiner, rechteckiger Raum, der ganz mit Fresken ausgemalt ist. In dem Kreuzgewölbe erkennt man auf dem Hintergrund eines sternenübersäten Himmels die vier Evangelisten. Die Ecklisenen[12] zeigen die Figuren der vier Kirchenlehrer. An den Wänden erkennt man im oberen Streifen Szenen aus dem Leben des hl. Stephanus, im unteren Streifen aus des hl. Lorenz. Der Sockel, dessen ursprüngliche Dekoration erst infolge der letzten Restaurierungen wieder ans Tageslicht kam, ist mit gemalten Vorhängen und einem Wappen von Nikolaus V. in der Mitte verziert.

Die Szenen an den Wänden sind in eine Scheinarchitektur eingebettet. Sie folgt den Gesetzen der Perspektive im Stil des 15. Jahrhunderts und gibt einen hervorragenden Rahmen für die Erzählung der Höhepunkte in dem Leben der beiden Märtyrer ab.

Der dem hl. Stephanus gewidmete Zyklus befindet sich in den Lünetten im oberen Teil der Wände. Er beginnt auf der rechten Seite, wenn man hineinkommt. In der ersten Lünette sieht man *"Petrus überträgt dem hl. Stephanus das Diakonat"* und *"Der hl. Stephanus verteilt Almosen an die Armen"*. Der Zyklus geht weiter auf der Eingangswand mit *"Die Predigt des hl. Stephanus"* und *"Das Streitgespräch vor dem Ältestenrat"*. Auf der linken Wand erkennt man *"Die Verurteilung des hl. Stephanus"* und *"Die Steinigung des hl. Stephanus"*.

Auf dem unteren Teil der Wände werden in der gleichen Reihenfolge wie oben Geschichten aus dem Leben des hl. Laurentius geschildert. Den Beginn bildet *"Der hl. Sixtus überträgt dem hl. Laurentius das Diakonat"*. Der Zyklus geht weiter mit *"Der hl. Sixtus vertraut dem hl. Laurentius die Kirchenschätze an"* und *"Der hl. Laurentius verteilt Almosen"*. Die Bilderfolge schließt mit *"Der hl. Laurentius vor dem Tribunal des Kaisers Decius"* und *"Das Martyrium des hl. Laurentius"*. Dieses Fresko wurde im 16. Jahrhundert stark überarbeitet, als man ein kleines Fenster einbaute, damit man die vom Papst zelebrierte Messe auch in der Sala degli Svizzeri mitverfolgen konnte.

"Bei verschiedenen Compositionen ist der Einfluß der Antike ganz unverkennbar ... Allein (Giovanni da) Fiesole (=Beato Angelico) wußte, wie sein Päpstlicher Gönner und Freund, mit der Verehrung des Altertums auch die innigste Liebe zum Christentum zu vereinigen. So ist denn in diesen Malereien trotz dem unverkennbaren Einfluß der Antike der christliche Gedanke intact geblieben, ja in schönster Vollendung ausgedrückt" (L. von Pastor, *Geschichte der Päpste, Originaltext*).

Papst Nikolaus V. verdanken wir auch das erste Projekt für den Wiederaufbau der Peterskirche, die damals bereits ziemlich baufällig war. Von ihm stammt auch die Idee, eine große Bibliothek zu gründen. Bei seinem Tod hinterließ er eine Sammlung von über 1500 wunderbaren Handschriften (davon 807 lateinische und 353 griechische), die den wertvollen Grundstock für die heutige Vatikanische Sammlung bildeten.

Würdiger Erbe und Nachfolger der "Steckenpferde" (Bücher und Bauen) von Nikolaus V. war Papst Sixtus IV. (Francesco Della Rovere, 1471-1484). Sein Name ist

Beato Angelico, Gewölbe der Cappella Niccolina mit den vier Evangelisten und den dazugehörigen Symbolen auf dem Hintergrund eines Sternenhimmels. Im Uhrzeigersinn sieht man die Heiligen: Matthäus (Engel), Johannes (Adler), Lukas (Stier), Markus (Löwe).

Vorhergehende Seite, oben: *Beato Angelico, Westwand der Cappella Niccolina.* "Der hl. Petrus überträgt das Diakonat an den hl. Stephanus" und "Der hl. Stephanus verteilt Almosen".

Vorhergehende Seite, unten: *Beato Angelico, Eingangswand der Cappella Niccolina,* "Die Predigt des hl. Stephanus" und "Das Streitgespräch vor dem Ältestenrat".

Links : *Beato Angelico, Bogen über dem Altar der Cappella Niccolina,* "Gregor der Große".

Unten: *Beato Angelico, Westseite der Cappella Niccolina,* "Die Verurteilung des hl. Stephanus" und "Die Steinigung des hl. Stephanus".

Beato Angelico, Westseite der Cappella Niccolina, "Der hl. Sixtus überträgt dem hl. Laurentius das Diakonat". Die Szene der Diakonsweihe spielt sich vor dem Hintergrund einer feierlichen und majestätischen christlichen Basilika ab. Durch die elegante und rhythmische Darstellung der Säulen und die Gestaltung des Hintergrundes gelingt es Beato Angelico mit großer Einfühlungsgabe und Ausdruckskraft die Kontinuität zwischen dem kaiserlichen Rom und demjenigen der Päpste aufzuzeigen.

Oben: *Beato Angelico, Eingangswand der Cappella Niccolina, "Der hl. Sixtus vertraut dem hl. Laurentius die Kirchenschätze an" und "Der hl. Laurentius verteil Almosen".*

Links: *Beato Angelico, Eingansbogen, "Der hl. Thomas von Aquin".*

unlösbar mit der Palastkapelle verbunden, die ihm zu Ehren "Sixtinische Kapelle" genannt wird. Er ließ sie an Stelle der älteren, von Nikolaus III. (s. Fußnote 10) errichteten, anlegen und ihre Wände von den berühmtesten Künstlern seiner Zeit ausmalen.

DIE SIXTINISCHE KAPELLE, FRESKEN AUS DEM 15. JAHRHUNDERT

Die Sixtinische Kapelle ist wohl das berühmteste und meistbesuchte Gebäude der Vatikanischen Paläste. Es handelt sich um einen weiten, rechteckigen Saal. Seine Ausmaße betragen 40,23 x 13,41 Meter. Die gleiche Größe weist der Tempel Salomons in der Bibel auf. Sie ist von einem Tonnengewölbe überspannt und hat 12 Lünetten über ebensovielen Fenstern. Den Wiederaufbau leitete Giovannino de´ Dolci nach einem Entwurf von Baccio Pontelli. Die im Jahre 1477 begonnenen Arbeiten wurden 1483 mit der Fertigstellung der Wandgemälde abgeschlossen. Die malerische Dekoration besteht aus drei übereinanderliegenden Bilderstreifen. Die Wandmalerei des untersten ahmt Wandteppiche nach. Auf dem mittleren erkennt man auf der einen Seite Geschichten aus dem Leben Christi, auf der anderen Episoden aus dem Leben von Moses. Im obersten Streifen sind zwischen den Fenstern in gemalten Mamornischen, die lebensgroßen Gestalten der ersten Päpste dargestellt. Als man die Kapelle 1483 einweihte wies das Gewölbe einen von Pier Matteo d`Amelia gemalten Sternenhimmel auf. Anfang des 16. Jahrhunderts ersetzte Michelangelo diesen durch seine großartigen Fresken.

Bemerkenswert ist der mittlere Bildstreifen mit Geschichten aus dem Alten und dem Neuen Testament. Er begann ursprünglich an der Altarwand, an der sich heute das "Jüngste Gericht" von Michelangelo befindet, und endete an der Eingangswand. Als diese durch ein Nachgeben des Mauerwerkes einstürzte, gingen die beiden letzten Originalbilder "Die Auferstehung Christi" und "Der Streit um den Körper des Moses" von Luca Signorelli verloren. Sie wurden am Ende des 16. Jahrhunderts durch neue Bilder von Hendrick van den Broeck und Matteo da Lecce ersetzt.

Die Wandbilder entstanden in relativ kurzer Zeit "dank der engen Zusammenarbeit, die die Künstler und die dazugehörigen Werkstätten in einem einzigartigen und in der Geschichte der Malerei seltenen Team verband" (Fabrizio Mancinelli, *"La Cappella Sistina"*, Cittá del Vaticano, Edizioni Musei Vaticani, 1963, S. 5).

Ein wichtiges, im Vatikanischen Geheimarchiv aufbewahrtes Dokument vom 27. Oktober 1481, beinhaltet die Namen der von Papst Sixtus IV. berufenen Künstler: Cosimo Rosselli, Sandro Botticelli, Domenico Ghirlandaio und Pietro Perugino. Zu diesen vier Künstlern, die mit ihren Werkstätten unter der Leitung von Giovannino de´Dolci arbeiteten, gesellte sich später Luca Signorelli hinzu.

Betrachten wir nun nacheinander die beiden gegenüberliegenden Freskenzyklen. Wenn man zum Altar blickt erkennt man auf der linken Seite Geschichten aus dem Leben Moses. Die Bilderfolge beginnt mit *"Die Reise des Moses nach Ägypten"* (S. 54 oben). Perugino und sein Schüler Pinturicchio stellten hier die Begegnung des Moses mit dem Engel und die Beschneidung des Zweitgeborenen in den Vordergrund. Im Hintergrund erkennt man die Reise nach Ägypten nach dem Abschied vom seinem Schwiegervater im Land Midian.

Das zweite Bild ist ein Meisterwerk des Botticelli, und zeigt in Übereinstimmung mit dem Bibeltext *"Begebenheiten aus dem Leben von Moses"*. (S. 54 unten). Das Bild enthält verschiedene Szenen: Moses erschlägt einen Ägypter, der einen Israeliten mißhandelt hatte (unten rechts), die Flucht in die Wüste (oben rechts), Moses begegnet den Töchtern des Jethro (in der Mitte), der brennende Dornbusch (oben links) und den Aufbruch aus Ägypten (unten links).

Das nächste Bild stammt von Cosimo Rosselli und zeigt den *"Durchzug durch das Rote Meer"*. Der gleiche Künstler schuf auch das nächste Bild, *"Die Übergabe der Gesetzestafeln"*. In dem darauffolgenden Fresko stellte Botticelli *"Die Bestrafung des Korach, Datan und Abiram"*

Vorhergehende Seite: *Rekonstruktionszeichnung der Sixtinischen Kapelle aus dem 15. Jahrhundert. Zur Zeit der Weihe der Kapelle im Jahr 1483 war das Gewölbe mit einem einfachen von Pier Matteo d´Amelia gemalten Sternenhimmel auf blauem Grund versehen, der im 16. Jahrhundert durch das große Deckenfresko von Michelangelo ersetzt wurde. Der Sternenhimmel brachte das ikonographische Programm, das darunter gemalt war, besser zur Wirkung: Die zwischen den Fenstern gemalte Galerie der Päpste und die beiden gegenüberliegenden Freskenzyklen an den Seitenwänden mit den Geschichten aus dem Leben des Moses und Jesu.*

Links: *Außenansicht der Sixtinischen Kapelle von den Vatikanischen Gärten aus.*

Sixtinische Kapelle: "Die Reise Moses´ nach Ägypten" von Perugino und Pinturicchio.

Sixtinische Kapelle: "Geschichten aus dem Leben Moses" von Sandro Botticelli.

Sixtinische Kapelle: "Die Bestrafung des Korach, Datan und Abiram" von Sandro Botticelli.

Sixtinische Kapelle: "Die Taufe Christi" von Perugino.

Sixtinische Kapelle: "Die Versuchungen Chrisiti" von Sandro Botticelli

Sixtinische Kapelle: "Die Berufung der ersten Apostel" von Domenico Ghirlandaio.

Sixtinische Kapelle, "Die Schlüsselübergabe", von Perugino.

dar. In der sakralen Ikonographie ist das ein sehr seltenes Thema (S. 55 oben): Die drei Priester, die sich der Führung des Moses und Aaron widersetzten, werden von einem unsichtbaren Feuer verzehrt und von der Erde, die sich auf einen Wink des Moses auftut, verschluckt.

Das letzte Bild ist ein Werk von Luca Signorelli und stellt *"Das Testament des Moses"* dar, der Josua den Kommandostab übergibt. Im Hintergrund links erkennt man den Tod des Propheten.

Der Bilderzyklus auf der rechten Wand befaßt sich mit Episoden aus dem Leben Christi. Das erste Bild zeigt "Die *Taufe Christi"* von Perugino und Pinturicchio (S. 55 unten). Der Titel bezieht sich auf die in der Bildmitte dargestellte Szene. Im Hintergrund erkennt man links Johannes den Täufer und rechts Christus als Prediger. Das nächste Bild ist eine wunderbare Schöpfung des Botticelli und stellt *"Die Versuchungen Christi"* und die "Reinigung *des Aussätzigen"* dar. Das Hauptthema ist in drei voneinander unabhängigen Szenen im Hintergrund dargestellt, während im Vordergrund die rituelle Reinigung gemäß dem mosaischen Gesetz gezeigt wird. Domenico Ghirlandaio verdanken wir die *"Berufung der ersten Apostel"*, die sich ebenfalls in drei Szenen abspielt.

Im Vordergrund erkennen wir kniend Petrus und Andreas, die den Segen des Herrn empfangen, im Hintergrund die Berufung dieser Apostel, sowie die der Apostel Jakobus und Johannes. Das nächste Bild ist ein Werk von Cosimo Rosselli und Pietro di Cosimo und zeigt in der Mitte *"Die Bergpredigt"* und rechts *"Die Heilung des Aussätzigen"*. Das vorletzte Bild ist ein Meisterwerk von Perugino, der die Szene der *"Schlüsselübergabe"*, seitens Christus an Petrus mit großem Symbolgehalt versah. Durch seine Ikonographie versinnbildlicht das Bild die feierliche Einsetzung des Petrus als Haupt der Apostel und Begründer des Papsttums. Diese Szene nimmt die Mitte im Vordergrund ein. Den Hintergrund bildet ein achteckiges Gebäude das auf beiden Seiten symmetrisch vom Konstantinsbogen flankiert wird. Den Abschluß der Bilderfolge bildet *"Das letzte Abendmahl"*, ein Werk von Cosimo Rosselli.

Der Name von Sixtus IV. ist auch mit der Anordnung der Vatikanischen Bibliothek in den vier Erdgeschoßräumen des Flügels von Nikolaus V. im Apostolischen Palast verbunden, wo er die vier damals bestehtehenden Sammlungen (die lateinische, griechische, geheime und apostolische), ganz rational aufgeteilt,

Vatikanische Pinakothek. "Sixtus IV. ernennt Bartolomeo Platina zum Präfekten der Vatikanischen Bibliothek" (um 1477). Das Fresko, das an die Gründung der Vatikanischen Bibliothek und an die Ernennung des ersten Bibliothekars erinnert, befand sich ursprünglich in der Lateinischen Bibliothek von Sixtus IV. Im Jahre 1825 wurde es da abgenommen, auf Leinwand übertragen und in der Vatikanischen Pinakothek ausgestellt.

Der Palazzetto von Innozenz VIII.(1484-1492). Das Gebäude wurde von Jacopo da Pietrasanta um 1487 errichtet und diente dem Papst zur Erholung und zur Enspannung. Es handelte sich im wahrsten Sinn des Wortes um eine Villa mit einer weiten Loggienanlage im Süden und seitlichen Türmen. Im 18. Jahrhundert baute man das Gebäude radikal um und brachte hier das "Museo Pio-Clementino" unter, das heute noch hier ist. Auf der linken Seite erkennt man den Turm mit der berühmten Wendeltreppe des Donato Bramante, die es ermöglichte auch hoch zu Roß in den Palazzetto del Belvedere zu gelangen.

unterbrachte. Aus dem vom ersten Bibliothekar verfaßten Katalog geht hervor, daß den Studierenden bereits im Jahre 1481 eine Sammlung von etwa 3500 Handschriften zur Verfügung stand.

Sein Nachfolger *Innozenz VIII.* (Giov. Battista Cybo, 1484-1492) erweiterte das Gebiet des Vatikans, indem er weiter nördlich *(Mons Sancti Aegidii)* auf dem Hügel ein neues Gebäude errichten ließ, das wegen seiner herrlichen Panoramalage "Palazzetto del Belvedere" (Belvedere-Palast) genannt wurde.

Die Bautätigkeit von Alexander VI. (Rodrigo Borgia, 1492-1503) konzentrierte sich besonders auf die Verstärkung des Verteidigungssystems des Borgo (der Stadtteil um Sankt Peter) und des Palastes. Ihm verdanken wir die Restaurierung der alten Eingangsportale des Vatikans wobei die *Porta Sancti Petri* besonders berühmt war. Auch der nach ihm benannte Borgiaturm der das Festungsviereck des apostolischen Palastes gegen Nord-Westen abschloß, geht auf ihn zurück. Im ersten Stock dieses Turmes befinden sich zwei der sechs Säle der Privatgemächer des Pontifex. Als "Appartamento Borgia" bekannt, nimmt es mit seinen übrigen Räumen den mittelalterlichen Teil und denjenigen des Gebäudes von Nikolaus V. aus dem 15. Jahrhundert ein.

Borgia-Gemächer. Gewölbe der "Sala dei Pontefici". Das Scheingewölbe zeigt um das Medaillon in der Mitte mit tanzenden Engeln die zwölf Tierkreizeichen und die sieben damals bekannten Planeten. Giovanni da Udine und Perin del Vaga malten es während des Potifikates von Leo X. (1513-1521) aus. Dieses Gewölbe ersetzte die Holzbalkendecke, die im Juni 1500 durch ihren Einsturz Papst Alexander VI. beinahe unter sich begraben hätte.

DIE BORGIA-GEMÄCHER

Mit der Dekoration der gesamten Borgia-Gemächer wurde Bernardino di Betto aus Perugia, Pinturicchio genannt, beauftragt. Im Jahre 1492 machte er sich mit seinen Gehilfen ans Werk. Die Fresken der verschiedenen Säle wurden in einem Zeitraum von nur zwei Jahren 1494 beendet und befassen sich mit religiösen und humanistichen Themen. Mythologische Szenen stehen neben Episoden aus dem Leben von Jesus, der Madonna und von Heiligen. Ein auffallendes Charakterelement der Fresken bildet die reiche Dekoration mit vergoldeten Teilen und Groteskenmalereien[12] Sie geben den Szenen einen eleganten Rahmen.

In den zwölf Lünetten des ersten Saales sind die Sibyllen und Propheten dargestellt.

Die Figurenpaare der Propheten und Apostel in den Lünetten des nächsten "Sala del Credo" genannten Raumes halten Schriftrollen mit den Worten des Glaubensbekenntnisses in ihren Händen. In der "Sala delle Arti Liberali" (Saal der Freien Künste) sind die "Künste" und "Wissenschaften" dargestellt, die man im Mittelalter unter den Begriffen "Trivium" (Grammatik, Rhetorik und Dialektik) und "Quadrivium" (Musik, Astronomie, Geometrie und Arithmetik) zusammenfaßte. Wunderbare Frauenfiguren auf Thronen sitzend symbolisieren hier die "freien Künste". Man kann sie in den Lünetten erkennen. Den nächsten "Sala dei Santi" (Saal der Heiligen) genannten Raum hat Pinturicchio größtenteils selbst ausgemalt, daher ist die Hand des Meisters hier am besten erkennbar. In der Lünette gegenüber dem Fenster befindet sich *"Der Disput der hl. Katharina von Alexandrien"*, eines der Meisterwerke von Pinturicchio. Eine idyllische Landschaft mit Bäumen und sanften Hügeln wird vom imposanten Konstantinsbogen beherrscht. Hier spielt sich das Streitgespräch zwischen der hl. Katharina, die unerschrocken den christlichen Glauben verteidigt, und dem Kaiser Maximinus ab, der von seinem Hof umgeben auf dem Thron sitzt.

Der letzte "Sala dei Misteri" (Saal der Mysterien) genannte Raum wurde zum Großteil von den Gehilfen des Meisters ausgeführt. Die Bilder stellen die wichtig-

Borgia-Gemächer, "Sala dei Santi" (Saal der Heiligen). "Der Disput der hl Katahrina von Alexandrien vor dem Kaiser Maximinus" von Pinturicchio (1454-1513).

Borgia-Gemächer, "Sala delle Arti" (Saal der Freien Künste). "Die Musik" von Pinturicchio (1454-1513).

Borgia-Gemächer, "Die Auferstehung" von Pinturicchio (1454-1513) in der "Sala dei Misteri". Es ist eines der letzten Gemächer, Die Pinturicchio und seine Gehilfen ausgemalt haben. In diesem Raum (einigen Fachleuten nach soll es der Speisesaal dieses Papstes gewesen sein) sieht man in den Lunetten die Mysterien des Glaubens. Wunderbar ist das Fresko, das die "Auferstehung" zeigt, wobei man hier kniend Alexander VI. erkennen kann, der der Auferstehung Christi beiwohnt. Christus ist von einer goldstrahlenden Mandorla umgeben.

sten Geheimnisse im Leben Jesu und der Madonna dar. Ein Meisterwerk ist das Fresko mit der *Auferstehungsszene*. Wir sehen Christus in einer lichtdurchfluteten Mandorla, die von Goldperlen eingefaßt ist und sich kräftig vom Hintergrund der wunderbaren umbrischen Landschaft abhebt. Bemerkenswert ist im Vordergrund das Porträt von Alexander VI., der kniend in tiefem Gebet dargestellt ist. Die "Sala dei Pontefici", die zum Gebäudekomplex aus dem 14. Jahrhundert stammt, diente Papst Alexander VI. für offizielle Anlässe und wurde nach den *"tituli"* über den Lunetten so benannt. Das Scheingewölbe ist mit einer Groteskendekoration aus Stuck verziert und stellt die zwölf Tierkreiszeichen dar. Sie sind ein Werk des Perin del Vaga und Giovanni da Udine und entstanden unter Leo X. (1513-1521).

Mit Julius II. (Giuliano Della Rovere, 1503-1513) beginnt für den Vatikan eine der fruchtbarsten und glücklichsten Epochen. Unter seiner Herrschaft entstanden die zwei wohl berühmtesten und meistbewunderten Bilderzyklen des Vatikans. Auf Initiative dieses Papstes malte Michelangelo Buonarroti das Gewölbe der *Sixtinischen Kapelle* zwischen 1508 und 1512 aus. Raffaello Sanzio schuf zwischen 1509 und 1517 seine Meisterwerke in den Stanzen auf dem zweiten Stock des Apostolischen Palastes. Hier befanden sich bis zum Ende des 16. Jahrhunderts die privaten Wohngemächer der Päpste.

Die Sixtinische Kapelle:
Das Deckengewölbe von Michelangelo

Im Jahre 1508 beauftragte Papst Julius II. Michelangelo mit der Dekoration des Gewölbes der Sixtinischen Kapelle. Der damals dreißigjährige Künstler aus Florenz versuchte, sich diesem Ansinnen zu widersetzen, denn er war mit der Arbeit an dem grandiosen Grabmonument für Julius II. beschäftigt, das dieser Papst sich in der neuen St. Petersbasilika zu errichten gedachte.

Vasari berichtet, daß der Meister alles unternahm, um diesen Auftrag nicht annehmen zu müssen. Als Entschuldigung führte er unter anderem seine geringe Erfahrung in der Malkunst an und versuchte "diesen Auftrag mit allen Mitteln abzuwenden, indem er sogar Raffael voranstellte" (Vasari, Lebensbeschreibungen).

Der Della Rovere Papst setzte sich aber durch, und Michelangelo begann im Mai 1508 mit der Arbeit an dem gewaltigen Unternehmen. Die Anfangsidee war zunächst sehr einfach und sah nur die Darstellung von 12 gigantischen Apostelfiguren in den Stichkappen vor. Dieses Projekt erschien dem Meister jedoch als "cosa povera" (armselige Angelegenheit), wie wir aus einem seiner Briefe entnehmen. Er bekam von Papst Julius II. die volle künstlerische Freiheit. Jüngste Forschungen ergaben, daß der Papst selbst sowie Theologen des päpstlichen Hofes dem Künstler bei der Aufstellung des umfangreichen ikonographischen Programmes beistanden, das wir heute noch bewundern können. Das riesige Gewölbe wurde gleichsam zu einem wunderbaren Buch, in dem man die Geschichte des Universums und die des Menschen, seinen Fall und seine Versöhnung mit Gott verfolgen kann.

Neun Episoden aus der Genesis sind in eine gewaltige gemalte architektonische Struktur eingebettet. Vom Altar beginnend sieht man "Die *Trennung von Licht und Finsternis*", "Die *Erschaffung der Gestirne*", "Die *Trennung von Land und Wasser*", "Die *Erschaffung des Adam*", "Die *Erschaffung der Eva*", "*Der Erste Sündenfall*" und drei Geschichten aus dem Leben des Noah, "*Das Opfer des Noah*", "*Die Sintflut*" und "*Die Trunkenheit des Noah*". Diese Bilder sind von gemalten Podesten eingerahmt, auf denen *"Ignudi"* (nackte Jünglingsgestalten) sitzen. Diese wunderbaren Aktfiguren in verschiedenen Posen sind mit der Intuition und dem Können des Bildhauers gemalt. Sie halten Girlanden mit Eichenlaub und Eicheln (Symbol der Familie Della Rovere, Rovere = Eiche) und Medaillons, die aus Bronze zu sein scheinen, mit anderen biblischen Geschichten. Zwischen den Stichkappen erkennt man auf monumentalen Stühlen sitzend die fünf Sibyllen und sieben Propheten, die die Ankunft des Erlösers verkündeten. Im Gegensatz zu den Sehern (Sibyllen und Propheten) malte Michelangelo in den Stichkappen und den Lunetten die Vorfahren Christi. Es handelt sich um die Generationenabfolge von Abraham bis Christus, wie sie zu Beginn des Matthäusevangeliums aufscheint.

Gesamtansicht der Sixtinischen Kapelle zum Hauptaltar hin.

Sixtinische Kapelle. "Die Erschaffung der Gestirne und der Pflanzen", Michelangelo (1475-1564), eines der neun zentralen Bilder mit Geschichten aus der Genensis am Gewölbe.

Folgende Seiten: "Die Erschaffung des Adam", 1512 von Michelangelo auf dem Gewölbe der Sixtinischen Kapelle gemalt, ist vielleicht die bekannteste Szene des Gewölbes. Es handelt sich zweifelsohne um eines der größten Meisterwerke aller Zeiten und stellt eine der genialsten Schöpfungen der gesamten Schaffensperiode von Michelangelo dar.

In den vier Eckzwickeln des Gewölbes stellte Michelangelo vier Helden aus der Bibel dar (David, Judith, Esther und Moses). Der große Meister wollte auf das Eingreifen Gottes bei der Errettung des erwählten Volkes hinweisen: *"David und Goliath"*, *"Judith und Holofernes"*, *"Die Bestrafung des Haman"* und die *"Eherne Schlange"*.

"Im Lichte der Theologie der Renaissance ist es möglich die Bilder auf dem Gewölbe der Sixtinischen Kapelle als eine grandiose Verherrlichung des göttlichen Schöpfungswerkes zu interpretieren. Gott stellt den Menschen, der nach seinem Ebenbild entstanden ist, in den Mittelpunkt der Schöpfung und billigt ihm durch das Geheimnis der Fleischwerdung eine Würde zu, die der Sphäre des Göttlichen näher steht" (Carlo Pietrangeli, *"I dipinti del Vaticano"*, Texte von Anna Maria De Strobel, Maria Serlupi Crescenzi, Udine: Magnus, 1996, S. 266).

Das gesamte dekorative Programm des Gewölbes ist wissentlich mit den Geschichten des Quattrocento, die Episoden aus dem Leben des Moses und Jesu zeigen, verbunden: Die verschiedenen Teile des Gewölbes können tatsächlich als "Vorbilder" für die Szenen aus dem Neuen Testament, die auf den Wänden darunter abgebildet sind, interpretiert werden. Im Oktober 1512 waren die Fresken auf dem Gewölbe der Sixtinischen Kapelle fertig.

Am Allerheiligentag des Jahres 1512 wurde die Kapelle vom Papst feierlich eingeweiht. Die Fresken des Michelangelo, die in ihrer vollen Schönheit zum ersten Mal dem Publikum vor Augen geführt wurden, übten einen kolossalen Eindruck auf die zeitgenössischen Betrachter aus. Giorgio Vasari berichtet darüber: "Ich sah die Leute von überall zusammenlaufen, um die Kapelle zu sehen, und das reichte aus, daß alle im höchsten Grade verwundert waren und vor dem Werk verstummten".

Am Fuße der Scheinarchitektur, die Michelangelo für das Gewölbe entwarf, malte er die fünf Sibyllen und neun Propheten, die der Welt das Kommen des Erlösers vorausgesagt hatten. Die Delphische Sibylle, die man rechts der "Trunkenheit des Noah" erkennt, wird wegen ihrer Schönheit am meisten bewundert. In der Antike war der Glaube weit verbreitet, daß es einige besondere Interpreten des Wortes Gottes gegeben habe und daß dies ausschließlich Frauen waren. Es handelte sich um die sog. Sibyllen. Durch sie verkündeten die Götter Orakel und Voraussagen. Die Delphische Sibylle hieß so wegen des Orakels zu Delphi.

Oben links: *Links des Bildes mit dem "Opfer des Noah" malte Michelangelo das wunderbare und edle Profil der Erithreischen Sibylle. Sie ist dabei in einem Buch zu blättern, das auf einem Lesepult liegt.*

Oben rechts: *Links des Bildes mit der "Trunkenheit des Noah" scheint der Prophet Joel aufmerksam den Sinn der Prophezeihung aus einer Rolle herauszulesen, die er in seinen Händen hält.*

Links: *Im Gegensatz zu der Erithreischen Sibylle stellte Michelangelo den Propheten Jesaias dar, im Begriffe dem Ruf Gottes sofort zu folgen.*

"Judith und Holofernes" Darstellung in einem Eckzwickel des Gewölbes. Michelangelo malte hier die berühmte biblische Geschichte von Judith. Sie rettete ihre Stadt, indem es ihr gelang Holofernes, den Befehlshaber der assyrischen Truppen, der ihre Stadt belagerte, durch eine List zu töten.

Unten: "Die Eherne Schlange", Darstellung in einem Eckzwickel des Gewölbes. Michelangelo malte hier jene biblische Geschichte, die im Buch Numeri (21, 4-9) beschrieben wird. Infolge seiner Fürsprache beim Herrn gelang es Moses das Volk Israel von den giftigen Schlangen zu befreien, die Gott als Strafe für ihre Rebellion ausgeschickt hatte.

Folgende Seite, oben: "Die Sintflut" Detail einer zentralen Szene des Gewölbes. Links zeigt Michelangelo mit geschickten Effekten die Leidenschaft mit der die Flüchtlinge vergeblich ihrem tragischen Schicksal zu entrinnen suchen. Im Hintergrund erscheint die Arche Noahs, die mit ihrer Gestalt auf die Kirche, die Arche des Heils für die Menschen, anzuspielen scheint.

Folgende Seite, unten: "Der Erste Sündenfall" Detail einer zentralen Szene des Gewölbes. Hier gelang es Michelangelo zwei Augenblicke in einem Bild festzuhalten: den ersten Sündenfall und die Vertreibung aus dem Paradies. Als Trennungselement dient der Baum der Erkenntnis des Guten und des Bösen. Um ihn schlingt sich die Schlange in der Gestalt einer Frau.

Blick in die "Stanza della Segnatura". Raffaello Sanzio (1483-1520). Auf der rechten Seite erkennt man das Fresko "Die Verherrlichung des Allerheiligsten Sakramentes". Links sieht man oben in der Lünette die Tugenden und unten "Gregor IX. erhält die Dekretalien" und "Tribonian übergibt Justinian die Pandekten".

DIE STANZEN DES RAFFAEL

Die sog. Stanzen des Raffael bestehen aus vier Räumen (Stanza dell'Incendio, Stanza della Segnatura, Stanza di Eliodoro, Stanza di Costantino). Sie befinden sich auf dem zweiten Stock des Apostolischen Palastes, genau über den Borgia-Gemächern.

Hierher verlegte Julius II. seine Privatresidenz im Jahre 1507, da er nicht in den Räumen seines Vorgängers Alexander VI. (Rodrigo Borgia, 1492-1503) wohnen wollte. Im gleichen Jahr berief Julius II. die besten Künstler seiner Zeit, wie beispielsweise Perugino, Sodoma und Lorenzo Lotto. Nachdem er jedoch an einem Probestück an der "Stanza della Segnatura" die große Begabung von Raffael, der im Jahre 1508 als junger Künstler aus Urbino nach Rom gekommen war, erkannt hatte, ließ er alles, was bisher in seinen Gemächern entstanden war, entfernen (nur das von Perugino ausgemal- te Gewölbe in der Stanza dell' Incendio blieb erhalten), und übertrug Raffael die Gesamtdekoration der Zimmer seines Wohnappartements.

Stanza della Segnatura
(Stanze der Unterschriften)

In diesem Zimmer fanden die Kirchengerichtssitzungen der "Segnatura della Grazia" statt. Diesen Raum malte Raffael als ersten aus.

Der im Jahr 1509 begonnene und 1511 fertiggestellte Gemäldezyklus folgt einem präzisen ikonographischen Programm, das sicherlich von der Kurie zusammenge- stellt wurde. Es sollte das Streben des menschlichen Geistes nach den drei Grundidealen ausdrücken: die "Wahrheit", das "Gute" und die "Schönheit". Die "Wahrheit" sieht man in ihrer zweifachen

Erscheinungsform, nämlich als geoffenbarte Wahrheit (Theologie), wie sie im Fresko der *"Verherrlichung des Allerheiligsten Sakramentes"* dargestellt ist, und als naturwissenschaftliche Wahrheit (Philosophie). Sie wird in dem Wandbild *"Die Schule von Athen"* herausgestellt. Das "Gute" wird ebenfalls zweifach dargestellt: durch die Kardinal-und die göttlichen *Tugenden* in einer der Lünetten, die danach benannt ist und in den beiden Bildern, die sich auf die Überlieferung der Gesetzgebung beziehen (*"Gregor IX. erhält die Dekretalien"* und *"Tribonian übergibt Justinian die Pandekten"*). Schließlich wird die "Schönheit" durch die Poesie versinnbildlicht, die in dem Fresko *"Der Parnaß"* gepriesen wird.

In dem Gewölbe wollte Raffael die Originalaufteilung von Sodoma sowie dessen achteckiges Bild in der Mitte beibehalten. Die allegorischen Figuren in den vier Rundbildern nehmen das Thema der darunterliegenden Wände wieder auf: dem "Triumph der Religion" entspricht das Rundbild der "Theologie" darüber, der "Schule von Athen" jenes mit der "Philosophie" und dem "Parnaß" entspricht die "Poesie". Der Lünette mit den Tugenden und den Szenen, die sich auf das Kanonische-und Bürgerliche Recht beziehen, entspricht das Rundbild mit der "Gerechtigkeit". Allegorische Szenen mit den gleichen Themen befinden sich neben den Medaillons in den Ecken. Sie zeigen "Adam und Eva", das "Urteil Salomons", das "Primum Mobile" (Astronomie) und "Apollo und Marsyas".

Raffael, "Die Vertreibung des Heliodor" in der Stanza di Eliodoro.

Vorhergehende Seite, oben: *Stanza della Segnatura, "Die Verherrlichung des Allerheiligsten Sakramentes". Die Stanza della Segnatura malte Raffael zwischen 1509 und 1511 als erste aus. Julius II. verwendete sie als Studier- und Bibliothekszimmer.*

Vorhergehende Seite, unten: *Stanza della Segnatura, "Die Schule von Athen". Vor dem Hintergrund eines imposanten Gebäudes, das an den Entwurf Bramantes für den neuen Petersdom erinnert, diskutiert eine große Anzahl von Denkern der Antike. Den Mittelpunkt bilden die beiden Gestalten von Platon und Aristoteles. Platon zeigt mit seinem Finger auf den Himmel, Aristoteles mit seiner Hand auf die Erde. Sie sybolisieren so zwei entgegengesetzte philosophische Anschauungen.*

Links oben: *Stanza della Segnatura. Gewölbe, Medaillon mit der Darstellung der Theologie.*

Links unten: *Stanza della Segnatura. Gewölbe, Medaillon mit der Darstellung der Philosophie.*

Vorhergehende Seite, oben: *Stanza della Segnatura, Lünette mit dem "Parnaß". In der Mitte stellte Raffael Apollo dar. Er sitzt leierspielend auf dem Hügel und ist von den Musen und zahlreichen Dichtern umgeben. Leicht zu erkennen ist zu seiner Rechten der blinde Homer, ferner Dante und Vergil. Etwas weiter unten sitzt die griechische Dichterin Sappho mit einem Schild, das ihren Namen trägt.*

Vorhergehende Seite, unten: *Stanza della Segnatura, Lünette mit den Tugenden.*

Links oben: *Stanza della Segnatura, Gewölbe, Medaillon mit der Darstellung der Poesie.*

Links unten: *Stanza della Segnatura. Gewölbe, Medaillon mit der Darstellung der Gerechtigkeit.*

Stanza di Eliodoro
(Stanze des Heliodor)

Sofort nach der Fertigstellung der Stanza della Segnatura begann Raffael 1511 mit den Fresken in der Stanze des Heliodor, die so nach einem der Fresken genannt wurde. Er stellte sie 1514 fertig. Das Eingreifen Gottes zum Schutz seiner Kirche bildet das Hauptthema der Wandbilder dieses Raumes. Wahrscheinlich schlug Papst Julius II. selbst dieses Thema vor. Die vier Szenen zeigen: *"Die Messe von Bolsena"*, *"Die Vertreibung des Heliodor aus dem Tempel"*, *"Die Befreiung des Petrus aus dem Kerker"* und *"Die Begegnung von Papst Leo dem Großen mit Attila"*. Die Karyatiden, in Helldunkeltechnik am Wandsockel, soll Francesco Penni nach Zeichnungen von Raffael gemalt haben. An der Decke erkennt man Szenen aus dem Alten Testament. Sie sind um das Wappen von Julius II. angeordnet. Die Bilder erinnern an das Eingreifen Gottes in die Geschichte Israels: *"Der brennende Dornbusch"*, *"Die Opferung Isaaks"*, *"Die Jakobsleiter"* und *"Der Herr erscheint Noah"*. In diesem Zyklus ist die Mitarbeit der Gehilfen Raffaels evidenter als in der Stanza della Segnatura.

Stanza dell'Incendio
(Stanze des Borgo-Brandes)

Die Stanze des Borgo-Brandes war der letzte Raum, an dem Raffael von 1514 bis 1517 arbeitete. Hier überließ er den Großteil der Ausführung seinen Gehilfen. Auch in diesem Fall ist das ikonographische Programm von wichtigen historisch-politischen Ereignissen gekennzeichnet. Sie beziehen sich auf das Pontifikat von Leo III. (795-816) und auf das von Leo IV. (847-855). Die Wandbilder zeigen: *"Der Brand im Borgo"* (nach diesem Bild wurde der Raum benannt), *"Die Seeschlacht von Ostia"*, *"Die Krönung Kaiser Karls des Großen"* und *"Die Rechtfertigung Leos III."* Die Themenauswahl ist nicht zufällig. Das Pontifikat des damals herrschenden Papstes Leos X. (1513-1521) sollte durch Szenen aus dem Leben zweier Päpste gleichen Namens verherrlicht werden. Tatsächlich läßt sich dieser Papst in den Portraits seiner Vorgänger leicht wiedererkennen. Der Wandsockel ist ein Werk von Giulio Romano und zeigt gelbe Monochrom-Malereien, die mit Karyatiden in Helldunkeltechnik abwechseln. Von Giulio Romano sollen auch die ägyptischen Telamone[14] in den Ecken des Saales stammen. Der Künstler ließ sich dabei von Originalfiguren inspirieren, die man um 1504 in Tivoli entdeckte und in der Folge im Museo Pio-Clementino ausstellte. Wunderbar ist das von Perugino ausgemalte Gewölbe. Es zeigt in vier Rundbildern Allegorien der Heiligen Dreifaltigkeit, die in den Jahren zwischen 1507-1508 entstanden. Das ist der einzige Teil, der von der Dekoration vor dem Auftreten Raffaels übrigblieb.

Stanza di Costantino
(Stanze Konstantin des Großen)

Dieser Raum wurde zwischen 1517 und 1524 (vor allem nach 1520, dem Todesjahr Raffaels) von den besten Schülern seiner Werkstätte, Giulio Romano und Francesco Penni ausgemalt. Sie hielten sich wahrscheinlich an Entwürfe ihres Meisters. Der in der Stanze des Heliodor und des Borgo-Brandes begonnene historisch-politische Faden findet hier seine natürliche Fortsetzung. Papst Leo X., unter dessen Pontifikat man mit den Fresken begann, gab auch in diesem Raum das Thema vor. Die Arbeiten wurden unter Papst Klemens VII. abgeschlossen. Die vier großen Wandbilder schildern Ereignisse aus dem Leben von Konstantin dem Großen. Er war der erste christliche Kaiser. Sie zeigen: *"Kaiser Konstantin erscheint das Kreuz am Himmel"*, *"Die Schlacht an der Milvischen Brücke"*, *"Die Taufe Konstantins"* und *"Die (legendäre) Schenkung Roms"*. Die Bilder sollten den Triumph des Christentums über das Heidentum verherrlichen und wirken wie Wandteppiche mit Goldfransen. Eine üppige Dekoration mit thronenden Papstfiguren zwischen allegorischen Frauengestalten und Engeln, die Papstwappen hochhalten, bilden eine prächtige Umrahmung. Auf dem Wandsockel erkennt man Geschichten aus dem Leben Kaiser Konstantins. Auch hier handelt es sich um Ton in Ton Malereien, die mit Karyatiden mit dem Medici-Wappen abwechseln. Die ursprüngliche Holzbalkendecke wurde 1585 durch das heutige, von Tommaso Laureti und seinen Gehilfen prächtig ausgemalte Scheingewölbe ersetzt

Stanza dell'Incendio di Borgo, "Der Borgobrand" von Raffael und seinen Gehilfen. Die vom Liber Pontificalis überlieferte Episode geht auf das Jahr 847 zurück und bezieht sich auf das Eingreifen von Papst Leo IV. während eines Brandes. Mit seiner zum Segen erhobenen Hand gelingt es ihm einen Brand zu zähmen, der im römischen Viertel des Borgo plötzlich ausgebrochen war. Im Hintergrund erkennt man die Fassade von Alt-St. Peter.

Mit der Lösung der Probleme, die mit den Außenfassaden der Vatikanischen Paläste zusammenhingen, beauftragte Papst Julius II. Donato Bramante, unter dessen Leitung der Vatikan jenes Aussehen annahm, das wir heute noch trotz der zahlreichen späteren Umbauten bewundern können. Der Plan, den der Della Rovere Papst vorschlug und mit Bramante zusammen absprach, sah drei Hauptpunkte vor: die Verbindung des Apostolischen Palastes mit dem Belvedere-Palast durch einen großartigen Hof (Belvedere-Hof gen.), der von zwei langen "Korridoren" begrenzt wurde. Donato Bramante gelang es nur den Ostflügel zu beenden; ferner die Erneuerung der Ostfassade des Palastes von Nikolaus V. in Richtung Stadt. Bramante entwarf hier drei übereinandergestellte Loggien gemäß der klassischen, von Vitruv[15] vorgeschriebenen Architektur-Proportionen; schließlich der Neubau der Peterskirche. Die Grundsteinlegung fand am 18. April 1506, die feierliche Weihe nach einer Bauzeit von etwa 120 Jahren am 18. November 1626 durch Urban VIII. statt.

Auf Julius II. folgte Papst Leo X. (Giovanni de'Medici, 1513-1521). Nach dem Tod von Bramante berief er Raffael, der das Werk des großen Renaissancearchitekten vollenden sollte. Raffael, nach seinem Geburtsort Urbino auch "l'Urbinate" genannt, hatte aus nächster Nähe das Projekt von Bramante verfolgt. In seinem Sinne beendete er das dritte Stockwerk der Loggien und begann mit ihrer Freskenausstattung, die von seinen Schülern Giulio Romano und Giovanni da Udine fertiggestellt wurde.

Ansicht der Stanza di Costantino, Werkstätte des Raffael. Rechts erkennt man das Fresko "Die Schlacht an der Milvischen Brücke", links "Konstantin dem Großen erscheint das Kreuz".

DIE LOGGIEN DES RAFFAEL

Die Loggien wurden von Bramante für Julius II. als Außenansicht des Papstpalastes in Richtung Stadtzentrum entworfen. Die sogenannten "Loggien des Raffael" bilden den zweiten Stock dieser Fassade, die aus drei Stockwerken besteht. Raffael setzte nach dem Tod des Bramante die Arbeiten fort und vollendete sie. Er entwarf auch die Stuckdekorationen und Fresken[16]. Die Loggien sind ein langer Gang, dessen dreizehn Gewölbe von Raffael und seinen Gehilfen mit Fresken ausgestattet wurden. Jedes Gewölbe weist vier Bilder mit Szenen aus der Bibel auf. Zusammen mit seiner Werkstätte malte Raffael in den ersten zwölf Gewölbefeldern Geschichten aus dem alten Testament. Das letzte Gewölbe zeigt Episoden aus dem Neuen Testament. Der gesamte Zyklus ist als "Bibel Raffaels" bekannt. Eine üppige Dekoration aus Stuckarbeiten und verschiedenen Grotesken-Malereien (Mythologische Szenen, Blumen, Früchte und Tiere) zieht sich über die Pilaster und Wände. Sie wird Giovanni da Udine und Perin del Vaga zugeschrieben. Die Maler holten sich ihre Vorbilder aus den antiken Ruinen der Kaiserpaläste, wie beispielsweise aus der damals eben entdeckten *Domus Aurea* des Kaisers Nero.

Mit Papst Paul III. (Alessandro Farnese, 1534-1549) begann eine neue, eifrige Bauphase. Er ernannte Antonio da Sangallo den Jüngeren zum Palastarchitekten und beauftragte ihn, den Südwestflügel des Papstappartements zu renovieren. Auf diesen Umbau gehen zwei Juwele der Spätrenaissance zurück. Es handelt sich um die Sala Regia und die Cappella Paolina. Hier schuf übrigens Michelangelo zwischen 1542 und 1550 im Alter von 70 Jahren seine beiden letzten Fresken, *"Die Bekehrung des Paulus"* und *"Die Kreuzigung des Petrus"*. Einige Jahre vorher, zwischen 1537 und 1541, hatte Michelangelo ebenfalls für Papst Paul III. in der Sixtinischen Kapelle sein berühmtestes Werk, "Das Jüngste Gericht" gemalt.

Links: *Detail aus einer Zeichnung von M. van Heemskerck. Sie zeigt die Ostfassade des Papstpalastes mit drei übereinandergestellten Loggien, die von Bramante entworfen und von Raffael fertiggestellt wurden.*

Unten: *Man erkennt das oben dargestellte Detail in seiner heutigen Erscheinungsform. Unter Gregor XIII. wurde dieser von Bramante und Raffael geschaffenen Ostfassade die Nordansicht angefügt und unter Sixtus V. der gegenüberliegende Westteil. So entstand der heutige Damasushof.*

Innenansicht der Loggien im zweiten Stock, auch Loggien des Raffael genannt. Im Mittelgeschoß begann Raffael mit den Fresken der Loggien und verfolgte persönlich ihre Ausführung. In den beiden anderen Geschoßen arbeiteten unter dem stilistischen Einfluß der von Raffael ausgemalten mittleren Loggia Giovanni da Udine, der etwa gleichzeitig mit diesem die erste Loggia mit Wandbildern versah sowie Stefan du Pérac und Giovanni Antonio Vanosino da Varese. Sie malten in der dritten Loggia, waren jedoch viel später, nämlich unter dem Pontifikat von Pius IV. (1559-1565) hier tätig.

Links: *Loggien des Raffael, dreizehntes Gewölbefeld. Der Stuckengel in der Mitte ist von vier Szenen aus dem Neuen Testament umgeben. Es handelt sich hier um die einzigen Episoden aus dem Evangelium der sog. Bibel des Raffael,* mit denen die dreizehn Gewölbefelder der Loggia versehen wurden. Die übrigen zwölf Gewölbe zeigen Szenen aus dem Alten Testament. Die im dreizehnten Gewölbe dargestellten Geschichten aus dem Evangelium sind: "Die Anbetung der Hirten", "Die Anbetung der drei Weisen", "Die Taufe Christi" und "Das letzte Abendmahl". Sie werden allgemein Perin del Vaga und Vincenzo Tamagni zugeschrieben.

Unten: *Detail der Festondekoration, mit der eine der Lunetten der Loggien des Raffael ausgeschmückt ist.*

83

Sixtinische Kapelle, "Das jüngste Gericht". Detail aus der rechten unteren Zone des Wandgemäldes. Man erkennt den Fährmann der Unterwelt Charon, die Seelen der Verdammten und den König der Unterwelt, Minos.

DIE SIXTINISCHE KAPELLE: DAS JÜNGSTE GERICHT

Im Jahre 1535 begann Michelangelo im Alter von 60 Jahren mit der Ausmalung der gesamten Altarwand der Sixtinischen Kapelle. Bereits Papst Klemens VII. hatte ihm 1533 diesen Vorschlag gemacht. Michelangelo entwarf eine großartige Vision des Jüngsten Gerichtes. Er mußte deshalb vorher die bereits bestehenden Bilder von der siebzehn Meter hohen Altarwand entfernen. Es handelte sich um Werke des Perugino aus dem 15. Jahrhundert und um die Lünetten, die Michelangelo selbst mit den Gestalten der Vorfahren Christi versehen hatte. Michelangelo schuf sein titanisches Werk zwischen 1536 und 1541, unter dem Pontifikat von Papst Paul III. (Alessandro Farnese, 1534-1549). Er malte ohne Gehilfen etwa vierhundert Figuren, die sich gegen den blauen Himmel abheben. Die in verschiedenen Posen dargestellten Gestalten versinnbilchen die verschiedenen menschlichen Charaktere vor Christus, dem Richer und Mittelpunkt der gesamten Szene. "Michelangelo wollte nichts anderes, als die äußerst perfekten und ausgewogenen Proportionen des menschlichen Körpers in verschiedenen Posen darstellen; doch nicht nur das, sondern zusammen mit den Gefühlen und den Leiden auch die Zufriedenheit der Seele ..." (G. Vasari, *Lebensbeschreibungen*).

Die gesamte Komposition spielt sich auf drei verschiedenen Ebenen ab, in denen menschliche Figurengruppen ohne irgendeinen architektonischen Hintergrund schweben. Ganz unten rechts stellte Michelangelo rings um das Boot des Fährmannes der Unterwelt, Charon, die Verdammten dar, links diejenigen, die aus den Gräbern auferstehen. Engel weiter oben in der Mitte rufen sie mit Fanfaren. Über den Verdammten, rechts der Fanfaren blasenden Engel befinden sich Dämonen, die dabei sind, die Seelen der Verdammten in die Hölle zu ziehen. Genau gegenüber helfen Engel den Gerechten in das Paradies einzugehen. Im oberen Teil beherrscht die Gestalt von Christus als Weltenrichter und ihm zur Seite Maria den Mittelpunkt der gesamten Szene. Der Menschensohn erhebt die rechte Hand auf dem Hintergrund eines wolkendurchzogenen Himmels, um die Gerechten von den Bösen zu trennen, gemäß den Worten des Evangeliums von Matthäus (24,30; 25,32-33):

"Danach wird das Zeichen des Menschensohnes am Himmel erscheinen ... mit großer Macht und Herrlichkeit auf den Wolken des Himmels ..." (Mt. 24, 30). "... und alle Völker werden vor ihm zusammengerufen werden

Sixtinische Kapelle, Gesamtansicht der Altarwand mit dem "Jüngsten Gericht" von Michelangelo.

Sixtinische Kapelle, "Jüngstes Gericht". Der Ausschnitt zeigt Christus und die Jungfrau in der Mitte der Komposition von Michelangelo. Christus erhebt seine rechte Hand um die Gerechten von den Bösen zu trennen.

und er wird sie voneinander scheiden, wie der Hirt die Schafe von den Böcken scheidet. Er wird die Schafe zu seiner Rechten versammeln, die Böcke aber zur Linken" (Mt. 25,32-33).

Rund um Christus und die Jungfrau scharen sich in einem großartigen Kranz Heilige und Märtyrer. Hoch oben in den Lünetten tragen Engel die Leidenssymbole Christi.

Das Fresko wurde am Allerheiligentag des Jahres 1541 enthüllt und rief sofort unter den Zeitgenossen große Bewunderung aber auch Ablehnung hervor. Bekannt ist die herbe Kritik des Zeremonienmeisters von Papst Paul III., Biagio da Cesena. Als er eines Tages mit dem Papst auf die Gerüste stieg, um das noch unvollendete Fresko zu begutachten, "erklärte er, es sei wider jede Schicklichkeit, an einem so heiligen Ort so viele nackte Gestalten zu malen, die aufs unanständigste ihre Blößen zeigten, und daß das kein Werk für die Kapelle des Papstes, sondern für eine Badestube oder Kneipe sei" (Vasari). Das ärgerte Michelangelo und, "um sich zu rächen malte er den Zeremonienmeister, sobald er fort war, ohne ihn weiter vor sich zu haben, als Minos (König der Unterwelt) in die Hölle, mit einer Schlange um den Leib, von einer Schar von Teufeln umringt ..." (G. Vasari).

DIE CAPPELLA PAOLINA:
DIE FRESKEN VON MICHELANGELO

Das letzte malerische Werk des Michelangelo sind die beiden Fresken, die die Seitenwände der Paolinischen Kapelle schmücken. Sie wurde nach Papst Paul III. benannt, der Antonio Sangallo den Jüngeren mit ihrem Entwurf betraute. Die beiden Bilder stellen "Die Bekehrung des Paulus" und "Die Kreuzigung des Petrus" dar und sind das geistige Vermächtnis des Künstlers, der sie zwischen 1542 und 1550 im Alter von siebzig Jahren schuf.

Bei der *"Bekehrung des Paulus"* folgte Michelangelo den Ausführungen der Apostelgeschichte (Apg. 9,3-7). Man erkennt Paulus, wie er eben vom Pferd gestürzt, auf dem Boden liegt. Er wird von einem göttlichen Licht geblendet, das von oben strahlt. Im Hintergrund rechts erscheint die Stadt Damaskus, das ursprüngliche Ziel seiner Reise. Es handelt sich um die berühmte Episode der Bekehrung des Apostels, der als "Verfolger der eben im Entstehen befindlichen Kirche wie vom Blitz getroffen auf der Straße nach Damaskus von Christus bekehrt wird. Diese Geschichte ist das hervorragendste Beispiel für die Gnade, jenes geheimnisvolle Geschenk Gottes, infolge dessen auch der Sünder ohne jegliches Verdienst berufen und dadurch zum Gerechten wird" (Deoclecio Redig De Campos, *"Itinerario pittorico dei Musei Vaticani"*, Roma: Del Turco, S. 146).

In der *"Kreuzigung des Petrus"* stellte Michelangelo den Augenblick des Martyriums des Petrus dar. Gemäß einer antiken Überlieferung ließ er sich aus Demut gegenüber Christus mit dem Kopf nach unten kreuzigen. Den Mittelpunkt der kreisförmig aufgebauten Komposition bildet das Haupt des Apostels. Mit unnachahmlichem Genie gelingt es Michelangelo hier die Stimmung der Masse einzufangen, die der Szene angsterfüllt beiwohnt, ohne zu wissen, daß "aus dem Zeugnis dieses Martyriums die Zukunft ersteht: eine zweitausendjährige Geschichte" (Giovanni Fallani).

Unter Pius IV. (Giovanni Angelo Medici, 1559-1565) beendete der Architekt Pirro Ligorio den Belvedere-Hof. Nach seinen Ideen entstanden der zum Bramante-Korridor parallel verlaufende West-Korridor, die Südansicht und die berühmte große Nische. Es handelte sich um eine weite Apsis, die an Stelle der ursprünglichen Exedra von Bramante entstand. Sie schließt die Fassade gegen Norden ab und beherbergt heute noch den riesigen Bronze-Pinienzapfen aus der römischen Kaiserzeit. Als Krönung der großen Nische schuf er zwischen 1564 und 1565 eine elegante halbkreisförmige Loggia, die an die architektonischen Formen des Theaters von Palestrina erinnern. Schließlich schuf Pirro Ligorio mit der sog. Casina di Pio IV. in den Vatikanischen Gärten zwischen 1558 bis 1563 ein letztes architektonisches Juwel. Heute befindet sich hier die Päpstliche Akademie der Wissenschaften.

Das überaus elegante Gebäude besteht aus zwei Baukörpern, die durch einen elliptischen Hof verbunden sind. Es handelt sich um einen kleinen zweistöckigen Palast und eine Loggia mit einem Nymphäum samt einem Brunnen. Das gesamte Ensemble ist außen mit Stuckdekorationen und Statuen üppig dekoriert und ist ein ausgezeichnetes Beispiel für den manieristischen

Innenansicht der Cappella Paolina, die nach Papst Paul III.(1534-1549) so benannt wurde. Dieses kleine von Antonio da Sangallo dem Jüngeren für diesen Papst errichtete architektonische Juwel befindet sich auf dem ersten Stock des Apostolischen Palastes.

Die beiden großen, dem hl. Petrus und hl. Paulus gewidmeten Wandbilder schmücken die Cappella Paolina und sind ein Spätwerk von Michelangelo. Er schuf sie zwischen 1542 und 1550. Links sieht man die "Bekehrung des Paulus", unten "Die Kreuzigung des Petrus".

Rechts: *Der riesige Bronzezapfen aus römischer Zeit befindet sich in den Vatikanischen Museen in der großen Nische des Hofes, der nach ihm benannt ist. Dieser Zapfen befand sich bereits in der alten St. Petersbasilika in der Mitte eines Quadriportikus (s. S. 21). Er diente im Mittelalter als Brunnen für die rituellen Waschungen der Katechumenen.*

Geschmack und die Anwendung klassizistischer Architekturelemente.

Während des Pontifikates von *Gregor XIII.* (1572-1585) wurde der Nordflügel des Damasus-Hofes beendet. Die bereits unter Pius IV. begonnenen Bauarbeiten schritten unter der Leitung des Architekten Martino Longhi voran. Er glich seinen Entwurf weitgehend an den bereits bestehenden, von Bramante und Raffael geschaffenen Ostflügel an, und schuf dementsprechend eine Fassade aus drei übereinandergestellten Loggien. Der Architekt Ottaviano Mascherino wurde von Gregor XIII. mit dem Entwurf der Landkartengalerie im zweiten Stock des Westflügels des Belvederes und mit dem Projekt für den Turm der Winde beauftragt. Dieser rechteckige, zweigeschoßige Gebäudeteil am Nordende der Landkartengalerie diente als erste astronomische Beobachtungsstation. Mit dem Turm der Winde verbunden heißt diese Galerie nach den 40 geographischen Karten, mit denen die Wändflächen zwischen den Fenstern versehen sind. Die Entwürfe dafür schuf der bekannte Kosmograph Ignazio Danti, der seinen Auftrag von Gregor XIII. persönlich bekommen hatte.

Unter Papst Sixtus V. (Felice Peretti, 1585-1590) kam es zu weiteren tiefgreifenden Veränderungen in der Baustruktur des Vatikankomplexes. Er beauftragte den Architekten Domenico Fontana mit dem Bau des neuen Papstpalastes, der den Damasus-Hof gegen Osten abschließen sollte. In der Folge enstand der "Palazzo Nuovo" (der neue Palast), in dem sich heute noch die Privatgemächer des Papstes (im dritten Stock) und die Repräsentationsräume (im zweiten Stock) befinden. Das Gebäude erscheint als ein massiver Block von quadratischem Grundriß mit einem Innenhof, dessen Fassade zum Damasushof gerichtet ist. Sie nimmt die Stilelemente der beiden bereits bestehenden Flügel nämlich drei übereinandergestellte Loggien auf, sodaß die Kontinuität mit dem Plan von Bramante und dem Nordflügel nach Gregor XIII. nicht unterbrochen wird. Ein anderes wichtiges Bauwerk des Domenico Fontana - es entstand im gleichen Zeitraum wie der Papstpalast (1587-1588)- ist die Errichtung eines neuen und definitiven Sitzes für die Apostolische Bibliothek. Es handelt sich um einen rechteckigen Baukörper, dessen architektonische Formen sehr einfach sind. Er ist 70 Meter lang und 15 Meter breit und entstand an Stelle der Treppe, die den Belvederehof (damals unter dem Namen "Teatro del Belvedere bzw. del Piacere" bekannt) von dem heutigen Pinienhof trennte.

Oben: *Ansicht des Cortile della Pigna gegen Norden mit der Skulptur von Arnaldo Pomodoro in der Mitte und der großen Nische im Hintergrund.*

Links: *Ansicht der Galerie der Landkarten.*

Ansicht der Nordfassade des Damasushofes.

Mit dem Namen von Papst Sixtus V. ist noch ein großartiges Unternehmen verbunden: die Fertigstellung der Kuppel der Peterskirche, Ergebnis der genialen Vielseitigkeit von Michelangelo. Doch konnte der große Meister ihre Verwirklichung nur bis zum Tambour verfolgen, da sein Tod die Arbeiten unterbrach. Die Architekten Giacomo della Porta und Domenico Fontana vollendeten das Werk auf Wunsch von Papst Sixtus V. 1590 innerhalb von drei Jahren. Auf Papst Sixtus V. und seinen Architekten Domenico Fontana geht das erinnerungswürdige Unterfangen der Aufstellung des Vatikanischen Obelisken (1586) auf seinem heutigen Platz zurück. Mit rund eintausend Arbeitern und mit einem imposanten Holzgerüst brachte der Architekt von Sixtus V. ein für die damalige Zeit titanisches Unternehmen fertig. Es gelang ihm tatsächlich den Obelisken von seinem ursprünglichen Standort im Zirkus des Caligula und des Nero abzuheben und in der Mitte des Petersplatzes wiederaufzustellen. Damit wurde der von den Päpsten Sixtus IV. und Paul III. lang gehegte und wegen der enormen Schwierigkeiten immer wieder aufgeschobene Wunsch endlich verwirklicht.

Nach dem Tod von Sixtus V. beginnt die Bauaktivität im Vatikan zu stagnieren. Erst Ende des 18. Jahrhunderts wird sie mit der Errichtung der ersten Gebäude für die Vatikanischen Museen wieder aufgenommen. Der Hauptgrund für diese lange Unterbrechung liegt in der

Der historische Druck dokumentiert das grandiose, im Jahr 1586 während dem Pontifikat von Sixtus V. (1585-1590) vollendete Unternehmen der Übersiedlung des Obelisken aus dem Zirkus des Caligula und Nero in die Mitte des Vorplatzes der Basilika. Hier befindet sich der Obelisk heute noch. (Foto: Archiv der Fabbrica di S. Pietro in Vaticano).

Übersiedlung der Päpste in den Quirinalspalast, den man für gesünder und zweckmäßiger hielt.

Trotzdem fanden in der Zwischenzeit einige wichtige Veränderungen statt, die, ohne die ursprüngliche Anlage zu verändern, doch zu dem Erscheinungsbild des Vatikans beitrugen, das wir heute noch bewundern.

Papst Klemens VIII. (Ippolito Aldobrandini, 1592-1605) verdanken wir die Fertigstellung des von Sixtus V. begonnenen Palazzo Nuovo, sowie den Freskenschmuck in den schönsten Sälen: der Sala Clementina (so nach diesem Papst benannt) und der Sala del Concistoro.

Mit Papst Paul V. (Camillo Borghese, 1605-1621) beginnt die barocke Bauphase im Vatikan. Unter seinem Pontifikat wurde der Neubau der Peterskirche vollendet, wobei der Architekt Carlo Maderno die großartige monumentale Fassade entwarf. Die Vatikanischen Gärten wurden unter diesem Papst mit zahlreichen wunderbaren Brunnen geschmückt (s. S. 132 ff.).

Unter Papst Alexander VII. (Fabio Chigi, 1655-1667) wirkte der geniale Gian Lorenzo Bernini im Vatikan. Ihm verdanken wir den großartigen Entwurf für den Petersplatz mit den Kolonnaden, die eine Art "Umarmung" darstellen sollen und den Umbau der berühmten Scala Regia (ursprünglich ein Werk von Antonio da Sangallo dem Jüngeren). Sie bildet den imposanten Zugang von der Peterskirche zum Apostolischen Palast.

Palast von Sixtus V., Sala Clementina.

Palast von Sixtus V., Sala del Consistoro.

Die Scala Regia von Gian Lorenzo Bernini. Sie führt von der St. Petersbasilika zum Apostolischen Palast.

Die Vatikanischen Museen

Der ausgedehnte, wegen seiner Kunstwerke berühmte Komplex der Vatikanischen Museen, der von tausenden Menschen aus der ganzen Welt besucht wird, hat eine relativ kurze Geschichte. Sicherlich geht der Ursprung der Vatikanischen Museen auf den Anfang des 16. Jahrhunderts zurück. Doch erst im 18. Jahrhundert gab es das Bestreben, eine öffentliche Sammlung zu bilden, für die man die entsprechenden Räume bereit stellte. Darin sollten die schon bestehenden und im Laufe der Zeit umfangreicher gewordenen Antikensammlungen rationell zusammengestellt und präsentiert werden.

Den Renaissancekern der Vatikanischen Museen, den "Keim" der Sammlungen, verdanken wir Papst Julius II. (1503-1513) und seiner Liebe zur klassischen Kunst. Er war ein berühmter Kunst-Mäzen und gab die meistbewunderten Bilderzyklen im Vatikan in Auftrag: die von Michelangelo ausgemalte Sixtinische Kapelle und die Stanzen von Raffael. Dieser Papst stellte damals einige der schönsten antiken, bei Ausgrabungen aufgefundenen Statuen in einem ruhigen Innenhof (heute Cortile Ottagono/ achteckiger Hof) des von Innozenz VIII. begonnenen Belvedere-Palastes, inmitten eines Orangengartens, auf. Darunter befanden sich der berühmte Apollo, nach seinem Aufstellungsort "vom Belvedere" genannt sowie die Laokoongruppe[17]. Auf diese Weise entstand eine exklusive Sammlung antiker Meisterwerke, bekannt als *Antiquarium*, d.h. eine Privatkollektion, an der sich nur der Papst und seine Freunde erfreuen konnten. Interessant und bezeichnend für den exklusiven Charakter der Sammlung war in diesem Zusammenhang die Inschrift über dem Eingangsportal des Hofes *"Procul este Prophani"* (Entfernt euch, ihr Uneingeweihten). Diese Mahnung stammt aus der "Äeneis" des Vergil (VI. Buch, Vers 258). Wir zitieren hier einen Teil der Beschreibung des Hofes, die uns der venezianische Botschafter, der sich 1523 in Rom aufhielt, hinterließ: "Hier am Ende des Rittes hoch zu Roß, am Beginn der Loggien, gelangt man in einen wunderschönen Hof. Die eine Hälfte ist mit einer Wiese, Lorberbäumen, Maulbeerbäumen und Zypressen bepflanzt, die andere Hälfte ist mit hochkant verlegten Ziegeln gepflastert, wobei kleine Quadrate freigelassen sind, in denen Orangenbäume stehen. Davon gibt es eine große Menge. Sie sind in perfekter Ordnung angelegt. In

Die vom Architekten Giuseppe Momo projektierte und 1932 eingeweihte Wendeltreppe ist mit einer Bronze-Ballustrade des Bildhauers Antonio Maraini geschmückt.

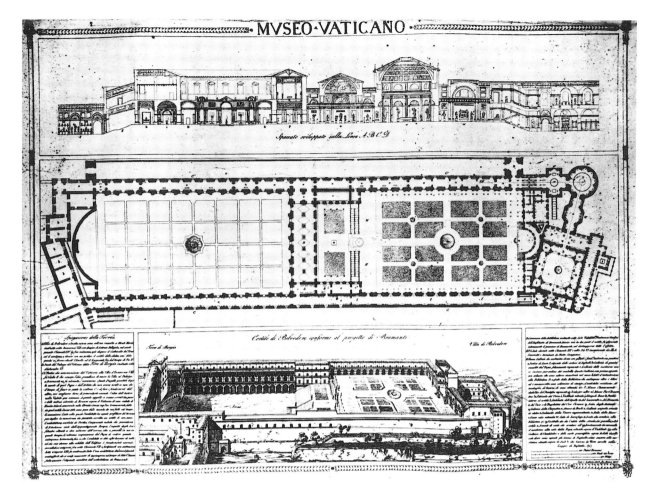

Druck aus dem Beginn des 19. Jahrhunderts. Er zeigt einen Schnitt, Grundriß, und eine Perspektive der Vatikanischen Museen zur Zeit von Pius VII.

Vorhergehende Seite, oben: *Das Antiquarium von Julius II. in einem Druck aus dem 16. Jahrhundert.*

Vorhergehende Seite, unten: *Ansicht des Cortile Ottagono im Museo Pio-Clementino. Der Garten im Innenhof des Palazzetto von Innozenz VIII. war ursprünglich mit Orangenbäumen bepflanzt und beherbergte die erste eindrucksvolle Privatsammlung klassischer Skulpturen (Antiquarium) von Papst Julius II. (1503-1513). Die wertvollsten Stücke befinden sich heute noch hier, wie beispielsweise der Apollo vom Belvedere und die Laokoongruppe. Sie sind in sechseckigen Nischen aufgestellt, die unter dem Namen "gabinetti" (Kabinette) bekannt sind. Der Cortile Ottagono wurde 1722 von Michelangelo Simonetti restauriert und erhielt damals seine heutige achteckige Gestalt.*

der Mitte des Gartens stehen zwei gewaltige Männerstatuen aus Marmor einander gegenüber ... Die eine stellt den "Tiber" dar, die andere den "Nil" ... daraus entspringen zwei herrliche Brunnen ..." (Sommario del Viaggio, degli Oratori Veneti che andarono a Roma a dar l'obbedienza a Papa Adriano VI in E. Alberi, Relazioni degli Ambasciatori Veneti, s. II, vol. II, Firenze 1846, pp. 114 sgg.).

Von diesem Grundstock ging Papst Klemens XIV. (Giovanni Vincenzo Ganganelli, 1769-1774) aus, als er 1771 den Beschluß faßte, im Vatikan Räume für die immer zahlreicher werdenden antiken Kunstwerke zu schaffen, die bis dahin in den Kapitolinischen Museen aufbewahrt waren. Der Pontifex beauftragte daher den Architekten Alessandro Dori mit dem Umbau des Belvedere-Palastes von Innozenz VIII. in ein Museum. Nach dem Tode von Alessandro Dori übernahm im Jahre 1772 der zum Architekten des hl. Apostolischen Palastes ernannte Michelangelo Simonetti die Bauleitung. Er gab dem Innenhof von Julius II. seine achteckige Form.

Der "Apollo vom Belvedere" im Cortile Ottagono des Museo Pio-Clementino.
Diese Statue befand sich bereits 1509 im Belvedere und ist die wertvollste Statue aus der Kollektion von Julius II. Es handelt sich um eine römische Kopie (2. Jahrhundert) eines griechischen Bronzeoriginals aus dem 4. Jahrhundert v. Chr., das auf der Agora in Athen stand.

Der "Perseus" im Cortile Ottagono des Museo Pio-Clementino. Antonio Canova schuf diese Statue um 1800. Papst Pius VII. erwarb sie 1802 um den "Apollo vom Bevedere", der von Napoleon im Jahre 1797 verschleppt worden war, zu ersetzen.

Ansicht der "Sala a Croce Greca" des Museo Pio-Clementino in Richtung "Sala Rotonda".

Ansicht der "Sala Rotonda" des Museo Pio-Clementino.

Detail eines Fußbodenmosaiks in der "Sala a Croce Greca" im Museo Pio-Clementino. Es stammt aus dem 3. Jahrhundert und zeigt in der Mitte die Büste einer "Athene-Medusa". Der üppige Rahmen dazu stammt aus dem 18. Jahrhundert. Die Darstellung der Kriegsgöttin Athene zusammen mit dem Haupt der Medusa erinnert an die Sage des aus Argos stammenden Helden Perseus. Dank der Hilfe der Götter Hermes und Athene gelang ihm ein schreckliches Unternehmen: die Enthauptung der einzigen sterblichen der drei Gorgonen. Diese drei Ungeheuer mit Bronzehänden und vergoldeten Flügeln verwandelten jeden, der sie ansah in Stein.

Der "Torso vom Belvedere" ist eine der am meisten bewunderten Statuen des Museo Pio-Clementino und befindet sich in der Mitte der "Sala delle Muse". Der sog. "Torso vom Belvedere" stellt einer glaubwürdigen Interpretation nach den Helden Ajax dar, der gerade im Begriff ist, Selbstmord zu begehen. Auf dem Sockel ist die Unterschrift des griechischen Bildhauers Apollonius aus Athen zu sehen, der zu Ende des 1. Jahrhunderts v. Chr. in Rom tätig war.

Die "Laokoongruppe" im Cortile Ottagono des Museo Pio-Clementino. Sie wurde 1506 bei der Domus Aurea des Nero entdeckt und im gleichen Jahr von Julius II. erworben. Diese wunderbare Marmorgruppe stellt den trojanischen Priester Laokoon und seine Söhne dar. Sie sind von zwei Riesenschlangen umfangen, die von Athene ausgeschickt worden waren, um Laokoon zu bestrafen. Er hatte sich geweigert, das hölzerne Pferd, das in seinem Inneren griechische Krieger verbarg, nach Troja bringen zu lassen.

Sicht von oben in die Wendeltreppe des Bramante (1444-1514). Diese Treppe konnte man auch zu Pferde besteigen. Diese von Bramante 1512 begonnene spiralförmige Treppe wurde 1564 von Pirro Ligorio beendet und besteht aus 36 Säulen, deren Kapitelle und Basen aus Travertin sind. Sie ist nach der Tradition des Vitruv in einer Hierarchie der Ordnungen entworfen und weist von unten nach oben aufsteigend dorische, ionische und korinthische Kapitelle auf. Man erreicht sie über das Vestibül des Museo Pio-Clementino.

Ferner schloß Michelangelo Simonetti die ursprünglich offene Loggia des Palastes von Innozenz VIII. So entstand die Galleria delle Statue, wo die Statuen nach dem damals herrschenden Geschmack als Zierde der Räume aufgestellt wurden.

Die Verwirklichung des ersten beeindruckenden Museumskomplexes im Vatikan verdanken wir jedoch dem Nachfolger von Klemens XIV., Papst Pius VI. (Giovan Angelo Braschi, 1775-1799). Nach den beiden Gründer-Päpsten nannte man das neue Museum **Museo Pio-Clementino**. Unter dem Pontifikat von Pius VI. wurde der Kern des Museo Pio-Clementino bedeutend erweitert und durch einige, von Michelangelo Simonetti[18] geschaffene Säle vergrößert. Die neuen Räume waren: die "Sala a Croce Greca" (Saal des griechischen Kreuzes), die "Sala Rotonda" (der Rundsaal), die "Sala delle Muse" (Saal der Musen), die "Sala degli Animali" (Saal der Tiere) und das "Gabinetto delle Maschere" (Kabinett der Masken). Diese vom architektonischen Standpunkt aus überaus bedeutenden Säle trugen dazu bei, "den grandiosen Raumeindruck der klassischen Architektur in der Sprache des 18. Jahrhunderts wiederzuerwecken" (Carlo Pietrangeli, *I Musei Vaticani, cinque secoli di storia,* Roma: Edizioni Quasar, 1985, S. 64). Trotz der heute überholten Kriterien für die Anlage eines Museums, hat das Museo Pio-Clementino einen unschätzbaren historischen Wert. Zum ersten Mal ging man mit wissenschaftlichen Grundsätzen an die klassischen Kunstwerke heran. Hier befindet sich das erste Beispiel für eine rationelle Anordnung der Vatikanischen Sammlungen.

Papst Pius VII. (Giorgio Chiaramonti, 1800-1823), der Nachfolger von Pius VI., leitete verschiedene Initiativen für die Rückführung von Kunstwerken in den Vatikan und die Wiederherstellung des vatikanischen Kulturgutes ein. Infolge der französischen Besatzung und des Vertrages von Tolentino (1797) waren die vatikanischen Sammlungen stark dezimiert worden. Den Beginn bildete eine Serie gezielter Kunstankäufe bei römischen

Außenansicht des Gebäudes, in dessen Innerem sich die Treppe des Bramante befindet. Sie ist an die Außenmauer des Palazzetto del Belvedere angebaut. Neben der Treppe des Bramante befindet sich einer der malerischsten Brunnen des Vatikans. Es handelt sich um den Galeerenbrunnen, ein Kriegsschiff in Miniaturgröße aus Kupfer und Bronze. Es wurde vom Martino Ferrabosco und Hans Van Santen, besser unter dem Namen Vasanzio bekannt, während dem Pontifikat von Paul V. (1605-1621) geschaffen.

Ansicht des "Gabinetto delle Maschere" im Museo Pio-Clementino. An der Rückwand befindet sich in einer Nische die Statue der Aphrodite von Knido. Es handelt sich um eine der schönsten Kopien der Aphrodite von Praxiteles. Links kann man die Marmorgruppe der "Drei Grazien" erkennen (eine römische Kopie aus dem 2. Jahrhundert n. Chr.).

"Meleager", Sala degli Animali im Museo Pio-Clementino. Bei der Statue handelt es sich um eine römische Kopie (2. Jahrhundert v. Chr.) von einem griechischen, wahrscheinlich von Skopas geschaffenen, Original aus dem 4. Jahrhundert v. Chr.

Innenansicht des "Braccio Nuovo", der von Raffaele Stern begonnen und von Pasquale Belli 1822 vollendet wurde. Dieses neuklassische Gebäude nimmt den südlichen Teil des Cortile della Pigna ein und liegt parallel zum "Salone Sistino" der Apostolischen Vatikanischen Bibliothek.

Antiquitätenhändlern. Auch neue Ausgrabungen wurden gefördert. Die Wiederherstellung eines Großteils der vatikanischen Kunstsammlungen verdanken wir jedoch dem diplomatischen Geschick von Antonio Canova, damals Verwalter der Päpstlichen Antikensammlungen. Er setzte sich dafür ein, daß nach dem Wiener Kongreß (1814-1815) und dem Fall Napoleons die von den Franzosen verschleppten Kunstwerke an die besiegten Staaten zurückgegeben wurden. Die große Anzahl von Kunstwerken, die damals in den Vatikan zurückzufließen begannen, machte die Errichtung neuer Gebäude notwendig. In der Folge entstanden das **Museo Chiaramonti**, das nach seinem Gründer Pius VII. Chiaramonti benannt wurde, und der Braccio Nuovo (Neue Flügel). Dieses parallel zu der Vatikanischen Bibiothek von Sixtus V. gelegene Gebäude stellt was den Stil der Außen- und Innenarchitektur anlangt die vollkommene Verwirklichung des neuklassischen Stils dar. Hier wurden die Kunstwerke so aufgestellt, wie es Antonio Canova mit großem Einfühlungsvermögen und Sorge um die Anordnung der Exponate wünschte. Hinter dem Tor am Ende des Museo Chiaramonti kann man auf Anfrage die "Galleria Lapidaria" (Inschriftensammlung) besuchen. Über 3000 heidnische und christliche Inschriften sind hier an den Wänden angebracht. Sie bilden in ihrer Gesamtheit eine der wichtigsten Inschriftensammlungen in Rom. Im Laufe des vorigen Jahrhunderts entstanden auf Initiative von Papst Gregor XVI. (Bartolomeo Alberto Cappellari, 1831-1846) im Jahre 1837 das Museo Gregoriano Etrusco (das Etruskische Museum Gregors XVI.) und 1839 das Museo Egizio (Ägyptische Museum). Sie wurden im ersten und zweiten Stock des Belvedere-Palastes eingerichtet.

Großen Auftrieb bekam das **Museo Gregoriano Etrusco** infolge zahlreicher etruskischer Funde, die bei

Ansicht der Sala "Regolini Galassi" im Museo Gregoriano Etrusco.

Ausgrabungen in den ersten Jahrzehnten des vorigen Jahrhunderts auf dem Territorium des Kirchenstaates gemacht wurden. Es waren vor allem zwei sensationelle Funde, die zu der Entscheidung führten, in der bisher von klassischen Kunstwerken geprägten Sammlung (Museo Pio-Clementino) auch ein der etruskischen Kunst gewidmetes Museum einzurichten. Im Jahre 1835 wurde der sog. "Mars von Todi" entdeckt. Es handelt sich um ein wunderbares Beispiel für die hochentwickelte etruskisch-italische Bronzekunst am Ende des 5. Jahrhunderts v. Chr. In der Nekropole von Cerveteri wurden 1836 in dem nach den Entdeckern "Regolini-Galassi" genannten Grab hervorragende, beinahe unversehrte Funde gemacht. Infolge des "Pacca-Ediktes" (1820, Regelung der Ausgrabungstätigkeit und der rechtlichen Besitzansprüche) besaß der Vatikan das Vorkaufsrecht[19] auf alle Gegenstände, was zu einem Anwachsen der Päpstlichen Sammlungen führte. Die größte Sammlung, die aufgrund dieses Vorkaufsrechtes erworben wurde, bestand aus den Grabbeigaben des oben erwähnten "Regolini-Galassi-Grabes". "Dieses Museum war das erste dieser Art, das gegründet wurde ... doch ließ die Anordnung, die bis 1920 anhielt, die vollkommene Interesselosigkeit erkennen, da man der Rekonstruktion der Grabbeigaben eine rein typologische Anordnung des Materials vorzog" (Carlo Pietrangeli, *I Musei Vaticani, cinque secoli di storia,* Roma, Edizioni Quasar, 1985. p. 161).

Die Gründung des **Ägyptischen Museums** geht auf Gregor XVI. zurück. Einen ersten Kern verdanken wir aber schon der Initiative von Pius VII., der mit einer kleinen Sammlung ägyptischer Antiquitäten begann.

Der Entschluß, eine Institution zu schaffen, welche die Kunstwerke des alten Ägypten sammeln und aufbewahren sollte, wurde im Lichte eines neuen, intensiven Interesses für die ägyptische Zivilisation gefaßt. Im Jahr 1818 gelang F. Champollion die Entzifferung des

Goldfibel (Mitte d. 7. Jahrhunderts v. Chr.), "Sala Regolini Galassi" im Museo Gregoriano Etrusco. Die Prunkfibel hat einen blattförmigen Fibelbogen, auf dem kleine vollplastische Entchen aufgesetzt sind. Die Löwen auf der Zierscheibe sind getrieben, ausgeschnitten und aufgelötet.

Schwarzfigurige Amphora, im Museo Gregoriano Etrusco. Es handelt sich um eines der Meisterwerke der attischen schwarzfigurigen Keramik. Sie stammt von dem Vasenmaler Exekias (um 530 v. Chr.) und stellt auf der Vorderseite Achilleus und Aiax beim Damespiel dar.

Der sog. "Mars von Todi", Sala dei Bronzi im Museo Gregoriano Etrusco, Ende des 5. Jarhunderts v. Chr.

Das Grabmonument mit dem sterbenden Adonis aus Tuscania (2. Jahrhundert v. Chr.) befindet sich in der "Sala delle urne cinerarie" im Museo Etrusco Gregoriano.

Rekonstruktion des Serapeums beim Canopos der Villa Hadriana in Tivoli, III. Saal des Museo Gregoriano Egizio.

Statue der Königin Tuia, XIX. Dynastie (um 1250 v. Chr.), Hemizyklus des Museo Gregoriano Egizio.

Rechts: *Statue des Antinoos in der Gestalt des Osiris, III. Saal des Museo Gregoriano Egizio.*

Historischer Skarabäus (um 1380/79 v. Chr.) mit einer Inschrift auf der Basis, die an die Aushebung eines künstlichen Sees erinnert, Museo Gregoriano Etrusco.

Sperber als Gott Horus bzw. Gott-Falke dargestellt, Beschützer der Monarchie.

Gedenkstein für die Arbeiten, die die Königin Hatschpsut und ihr Neffe Thutmosis III. im Tempel von Karnak ausführen ließen, XVIII. Dynastie, um 1460 v. Chr., Saal I im Museo Gregoriano Egizio.

Einer der beiden ruhenden Löwen des Pharao Nektanebes I. (380-362 v. Chr. XXX. Dynastie) im Museo Gregoriano Egizio. Sie sind heute seitlich des riesigen Bronzepinienzapfens aus römischer Zeit angebracht, nach dem der Hof, in dem er ausgestellt ist, benannt wurde.

"Triptychon Stefaneschi" (um 1320) von Giotto (geb. um 1267-1337) und seiner Werkstätte, Vatikanische Pinakothek, Saal.II. Das mittlere Paneel (Vorderseite) zeigt Christus auf dem Thron sitzend. Auf den beiden Seitenbildern erkennt man die Enthauptung des hl. Paulus (rechts) und die Kreuzigung des Petrus (links).

"Steines von Rosette" und somit die Enthüllung des Geheimnisses der Hieroglyphen. Das öffnete dem Studium dieser faszinierenden Kultur neue Horizonte. Die Neuordnung des Museums wurde einem der ersten italienischen Ägyptologen, dem Barnabiterpater Luigi Maria Ungarelli anvertraut. Er verfaßte eine genaue Beschreibung des ausgestellten Materiales. Außerdem versuchte er in den Ausstellungsräumen die Originalatmosphäre der ägyptischen Zivilisation wiederzugeben. Besonders interessant ist daher von diesem Standpunkt aus die Rekonstruktion der Architektur und des Statuenapparates des "Serapeums" des Canopos der Villa Hadriana (Saal III). Der Saal behielt im großen und ganzen bis heute die Originalausstattung des 19. Jahrhunderts.

In der *Vatikanischen Pinakothek* werden Bilder und Wandteppiche vom 11. bis 19. Jahrhundert aufbewahrt. Die Sammlung befindet sich heute in einem vom Architekten Luca Beltrami errichteten Gebäude, das 1932 von Pius XI. eingeweiht wurde. Die komplizierte Geschichte dieser wunderbaren Sammlung beginnt im 17. Jahrhundert als auf Wunsch von Pius VI. (1775-1799) in der heutigen "Galeria degli Arazzi" (Galerie der Wandteppiche) eine erste Bildergalerie angelegt wurde. Nach dem Vertrag von Tolentino (1799), der den Verlust vieler, von den napoleonischen Truppen nach Paris ver-

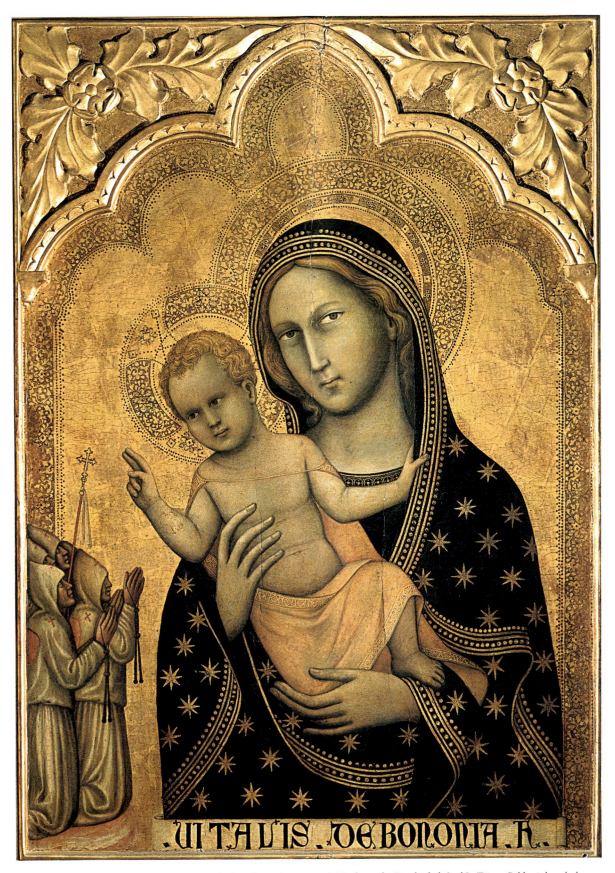

"Madonna mit dem Kind" (um 1340) von Vitale da Bologna (1309-1359), Vatikanische Pinakothek Saal I. (Dieses Bild wird nach den Mitgliedern eines Geißlerordens, welcher das Bild vermutlich gestiftet hat, auch "Madonna degli Battuti", Madonna der Geißler gennannt).

"Verklärung Christi" (um 1520) von Raffael (1483-1520), Vatikanische Pinakothek Saal VIII. Oben in der Mitte erkennt man Christus zwischen Moses und Elias, unten die Szene der Begegnung der Apostel mit dem besessenen Kind.

"Grablegung Christi" (um 1604) von Michelangelo Merisi, gen. Caravaggio (1571-1610), Vatikanische Pinakothek Saal XII.

schleppten Bilder zur Folge hatte, wurde die Bildergalerie geschlossen.

Ein großer Teil der Sammlungen kehrte nach dem Fall Napoleons und dank dem Wiener Kongreß (1815) wieder zurück. Pius VII. gründete daraufhin 1817 eine neue Pinakothek, die bis 1822 in den Borgia-Gemächern untergebracht war.

Nach verschiedenen Standortänderungen[20] gelangte die Pinakothek schließlich unter Pius XI. (1922-1939) an ihren heutigen Platz. Die Vatikanische Pinakothek nimmt sechzehn Säle ein und beherbergt einige der bedeutendsten Meisterwerke aller Zeiten, wie beispielsweise *"Das Tryptichon Stefaneschi"* von Giotto, *"Die Verklärung Christi"* von Raffael (ihm ist der gesamte achte Saal gewidmet) und *"Die Grablegung Christi"* von Caravaggio, um nur die berühmtesten Maler zu nennen. Die Anordnung der Bilder erfolgte aufgrund historischer und geographischer Kriterien.

Auf Wunsch von Papst Johannes XXIII. (1958-1963) entwarfen die Architekten Passarelli hinter der Pinakothek ein neues Gebäude, in welches die drei 1970 eröffneten Museen übersiedelt wurden, die ursprünglich im Lateran untergebracht waren. Es handelt sich um das **Museo Gregoriano Profano**, das auf Geheiß von Gregor XVI. 1844 entstand und klassische Kunstwerke enthält; dann das von Pius IX. im Jahre 1854 gegründete **Museo**

Blick in das Museo Gregoriano Profano.

"Niobide Chiaramonti", Museo Gregoriano Profano. Die Marmorstatue verkörpert eine der Töchter der Niobe (Gemahlin des thebanischen Königs Amphion). Sie trägt einen an der Taille zusammengefaßten Chiton (Untergewand) und einem Mantel über den Hüften.

"Der Gute Hirte", Marmorstatue im Museo Pio Cristiano. Es handelt sich um eine der ersten Darstellungen Christi. Sie stammt vielleicht bereits aus vorkonstantinischer Zeit (3. Jahrhundert v. Chr.) und wurde im 18. Jahrhundert stark restauriert.

Links: *"Stele des Aberkios"*, Museo Pio-Cristiano. Aberkios war ein Bischof aus Hieropolis in Phrygien (Kleinasien) und lebte zur Zeit von Kaiser Mark Aurel (161-180). Es handelt sich hier um die älteste sowie eine der wichtigsten christlichen Inschriften mit eucharistischem Inhalt.

Unten: *Sarkophag der Juno Pronuba*, Museo Pio Cristiano. In der Mitte des Sarkophages erscheint zwischen dem Ehepaar die heidnische Göttin Juno, Beschützerin der Ehe.

Pio Cristiano, das Ausstellungsstücke der frühchristlichen Kunst aufbewahrt und schließlich das **Museo Missionario-Etnologico**, das von Pius XI. nach der 1925 erfolgten Missionarischen Weltausstellung im Jahre 1926 gegründet wurde. Hier werden in verschiedenen Abteilungen, geographisch geordnet, neben zahlreichen Ausstellungsstücken der christlichen Religion auch Objekte verschiedener anderer religiöser Kulte gezeigt.

Im Jahre 1973 wurde mit der Sammlung der **Modernen Religiösen Kunst** die jüngste Abteilung der Vatikanischen Museen gegründet. Sie entstand auf Initiative von Papst Paul VI. (1963-1978), der sie auch einweihte. In dieser Galerie, die in den Borgia-Gemächern eingerichtet wurde, kann man eine Kollektion von 800 Werken (Bilder, Skulpturen und Grafiken) der bekanntesten italienischen und internationalen Meister der Gegenwart bewundern, darunter Van Gogh, Gauguin, Matisse, Rodin, Picasso, Fontana, Morandi und Severini, um nur die wichtigsten zu nennen.

In einem weitläufigen Saal unter dem sog. "Giardino Quadrato" gegnüber der Vatikanischen Pinakothek ist das **Museo delle Carrozze** (Kutschenmuseum) untergebracht, das auf Wunsch von Paul VI. im Jahr 1968 entstand. Hier sind die Kutschen und Stadtwagen der Päpste und Kardinäle sowie die ersten von den Päpsten benutzten Automobile aufbewahrt.

In die päpstlichen Gemächer des Lateranpalastes hingegen wurde vor kurzem das **Museo Storico Vaticano** (Das historische Vatikanische Museum) übersiedelt. Es wurde 1991 eingeweiht und enthält Gegenstände, die bei päpstlichen Zeremonien verwendet wurden, sowie Waffen und Uniformen, die das bewaffnete päpstliche Corps trug.

"Taube", Lithographie von Georges Braque (1882-1963), Collezione d´Arte Religiosa Moderna. Einem der wichtigsten Vertreter des Kubismus verdanken wir diese elegante Lithographie, die eine stilisierte Taube darstellt.

Messgewänder von Henri Matisse (1869-1954), Collezione d´Arte Religiosa Moderna. Zu der letzten Schaffensperiode dieses vielseitigen französischen Künstlers, der der größte Vertreter der Bewegung der Fauvisten war, gehören diese wunderbaren Meßgewänder. Mit ihren starken und bestimmten Farben gehörten sie zu der liturgischen Einrichtung der Kapelle in Vence.

"Die Hand Gottes" (um 1890), von Auguste Rodin (1840-1917), Collezione d'Arte Moderna. In dieser kleinen Bronzestatue (33 x 53 Zentimenter) gelang es dem französischen Bildhauer den spannungsreichen Moment der Erschaffung von Mann und Frau auszudrücken.

Unten: *"Saulus", von Enrico Manfrini (1917-1958), Collezione d'Arte Moderna. Dem Professor für Bildhauerei an der Akademie von Brera in Mailand gelang es in dieser dramatischen Bronzeskulptur den Augenblick der Bekehrung des hl. Paulus so einzufangen, wie sie in der Apostelgeschichte (Apg., 9,3-7) überliefert ist.*

"Der Denker" (1880-1888) von Auguste Rodin (1840-1917), Collezione d´Arte Religiosa Moderna. Diese 71 cm hohe Bronzestatue ist ein Abguß (1956) des Originals von der Porta dell´Inferno und war die Hauptfigur im Rahmen des Statuenprogrammes, das sich am "Inferno" des Dante Alighieri inspirierte.

Oben: *Inneres eines "Tambaran" aus Papua-Neu-Guinea, Museo Missionario-Etnologico. Diese Zeremonienhütte war der spirituelle und soziale Mittelpunkt der Bewohner der Siedlungen von Neu-Guinea. Im Hintergrund erkennt man die große Holzstatue des Kriegsgottes. Neben dem Hauptpfahl in der Mitte befindet sich die Feuerstelle, auf der man die Opfer für die Geister darbrachte.*

Rechts: *Einer der beiden "Takuchai" (Löwen als Wächter) in Email aus Peking, China, Museo Missionario-Etnologico: Die beiden Löwen stellen die beiden wesentlichen Prinzipien der chinesischen Philosophie und Religion dar: Ying und Yang, die das Tao, das oberste Gesetz bilden.*

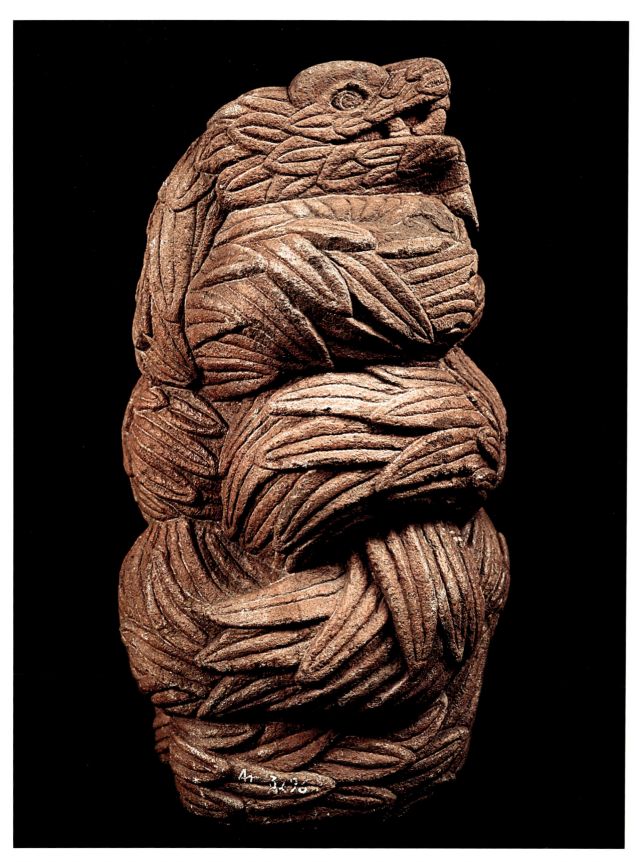

"Quetzalcoatl", aus Zentralamerika, Museo Missionario-Etnologico. Diese wunderbare mexikanische Skulptur aus einem rötlichen Stein stellt den Gott des Windes Quetzalcoatl ("gefiederte Schlange") im typischen Stil der Azteken dar (15. Jahrhundert).

Die Vatikanischen Gärten

Die wunderbaren Vatikanischen Gärten bilden gleichsam die Krönung all der herrlichen Kunstwerke, die auf dem vierundvierzig Hektar großen Areal des Vatikanstaates aufbewahrt werden. Ein mächtiger Mauerwall aus dem 16. Jahrhundert mit starken Bastionen umfaßt ihn. Die Vatikanischen Gärten erstrecken sich über etwa die Hälfte des gesamten Vatikan-Territoriums.

In dieser großartigen grünen Oase befinden sich zahlreiche verschiedene, zum Teil auch seltene, Baumarten. Die Büsche und Blumen, kurz die gesamte Vegetation ist geschickt in Farbkombinationen angeordnet - und das mitten im Herzen Roms.

Dieses einzigartige und eindrucksvolle Schauspiel wird durch die zahlreichen Brunnen abgerundet. Eine Wasserleitung, die das Wasser vom Braccianersee heranführt, versorgt sie mit dem notwendigen Wasser. Besonders schön sind die unter Paul V. (1605-1621) nach den Entwürfen von Martino Ferrabosco und Giovanni Vasanzio entstandenen Sakramentsbrunnen (1609) und der Adlerbrunnen (1612).

Der großartige "Galeerenbrunnen"[21] ist vielleicht wegen seiner Randlage in den Vatikanischen Gärten weniger bekannt. Er heißt so nach dem großen Kriegsschiff

Der Sakramentsbrunnen in den Vatikanischen Gärten. Er heißt so wegen seiner Wasserstrahlen, die an die Kerzen eines Altares erinnnern.

Der Galeerenbrunnen am Fuße der Wendeltreppe des Bramante.

Der Adlerbrunnen in den Vatikanischen Gärten. Er hat die Gestalt einer künstlichen Grotte, auf der ein Adler sitzt. Zwei darunter angebrachte Drachen sprühen Wasser in ein ovales Bassin. Der Adler und die Drachen sind die Wappentiere der Familie der Borghese. Ihr gehörte Papst Paul V. (1605-1621) an. Unter seinem Pontifikat entstand der Großteil der Brunnen in den Vatikanischen Gärten.

(Galeere) aus Bronze und ist ein Werk von Giovanni Vasanzio (1621). Aus den Kanonenrohren längs der Seiten des großen Schiffes sprühen Wasserstrahlen. Sie haben Papst Urban VIII. zu folgenden Versen inspiriert: *Bellica Pontificum non fundit machina flammas/ Sed dulcem belli qua perit ignis aquam,* "Das Kriegsschiff der Päpste verschießt kein Feuer, sondern das süße Wasser, das die Flammen löscht"[22].

Ein architektonisches Juwel, das vom Grün der Vatikanischen Gärten eingefaßt ist, bildet die "Casina di Pio IV.". Hier befindet sich heute die Päpstliche Akademie der Wissenschaften. Dieses im Stil des Manierismus entworfene Gebäude ist ein Werk von Pirro Ligorio (1558-1563). Es besteht aus der eigentlichen Villa und einer vorgebauten Loggia. Beide sind miteinander durch einen elliptischen Hof verbunden, in dessen Mitte ein eleganter Brunnen steht. Die Außenwände sind ganz mit Mosaiken, Fresken und Stuckzierrat versehen. Sie zeigen Themen aus der klassischen Mythologie. In dieser üppigen Dekoration fallen auch einige antike Statuen auf,

die ganz auf der Linie dieses in seiner Gesamtheit an die Klassik erinnernden Stils stehen.

Westlich der "Casina di Pio IV" befindet sich im Verband der übriggebliebenen Teile der leoninischen Stadtmauern der Turm Leos IV. Hier hat die Direktion der Radio Vaticana ihren Sitz. Dieser einzigartige Rundfunksender entstand auf Wunsch von Papst Pius XI. und wurde 1931 von Guglielmo Marconi in Betrieb genommen. In den ersten Jahren (1931-1939) war die Vatikanische Rundfunkstation in einem kleinen Gebäude untergebracht, das Leo XIII. (1878-1903) sich als Sommerresidenz neben dem Turm hatte errichten lassen. Heute befinden sich die Studios in einem Gebäude gegenüber der Engelsburg. Eine große Sendezentrale steht achtzehn Kilometer nördlich von Rom bei Santa Maria di Galeria.

Unterhalb des Radioturmes, an die Leoninischen Mauern geschmiegt, liegt das Kloster *"Mater Ecclesiae"*, das auf Wunsch von Papst Johannes Paul II. entstand und von ihm im Mai 1994 eingeweiht wurde. In diesem Kloster leben in strenger Klausur acht kontemplative

Casina di Pio IV, Vatikanische Gärten. Die Fassade weist eine Dekoration aus Mosaiken, Stuckzierrat und antiken Statuen auf.

Ordensfrauen, wobei alle fünf Jahre eine Gruppe eines anderen Ordens einziehen soll. Die Klarissinnen begannen mit der ersten fünfjährigen Zeitspanne im Jahre 1994. Sie wurden in Erinnerung an das 800. Gedenkjahr der Geburt der hl. Klara aus Assisi hierher berufen.

Entlang des gesamten Spazierweges durch die Vatikanischen Gärten trifft man immer wieder auf verschiedene Monumente, die den Päpsten im Laufe der Zeit von den Katholiken der ganzen Welt geschenkt wurden, wie beispielsweise die Figur des hl. Petrus in Ketten und die bunte Keramik-Madonna della Misericordia.

Von großer religiöser Bedeutung ist die wahrheitsgetreue Kopie der Grotte von Lourdes. Französische Katholiken schenkten sie im Jahr 1902 Papst Leo XIII. Viele Pilger und Touristen, die in die Vatikanischen Gärten kommen halten es für ihre Pflicht, sie zu besuchen. Der Altar der Grotte ist das Originalstück aus Lourdes, das im Jahre 1958 aus Anlaß der Hundertjahrfeier der Erscheinung der Madonna in den Vatikan übertragen wurde.

Madonna della Misericordia di Savona, Vatikanische Gärten. Das bunte Keramikbild ist ein Werk von Renato Minuto.

Casina di Pio IV, Blick auf den ovalen Innenhof, auch "Nymphäum" genannt.

Der Sendeturm von Radio Vatikan, Vatikanische Gärten.

Statue der Madonna in der Grotte von Lourdes, Vatikanische Gärten.

Fußnoten

[1] Mit diesem Traktat löste man die langjährige "römische Frage", die nach der Vereinigung Italiens (1870) entstanden war. Damals wurden der Kirche ihre weitläufigen Güter entzogen (beinahe die gesamten heutigen Regionen Latium, Umbrien und Marken), die jahrhundertelang den Kirchenstaat gebildet hatten.

[2] In jenem Jahr brach der berühmte Brand von Rom aus. Die Schuld dafür schob Kaiser Nero den Christen zu und nahm ihn zum Vorwand für ihre Verfolgung.

[3] So nennt man den Grundriß einer Basilika, in der das Längsschiff länger ist das Querschiff.

[4] Von grundlegener Bedeutung sind die beiden historischen Führer von Tiberio Alfarano (1590) und Giacomo Grimaldi (1619).

[5] So heißt der Grundriß einer Basilika, in der alle vier Arme gleich lang sind.

[6] Der Tambour bezeichnet bei Kuppeln den senkrechten, zylindrischenTeil, über dem sich die Kalotte erhebt.

[7] Die im Monument Berninis eingeschlossene Kathedra wurde von namhaften Wissenschaftlern untersucht. Sie stellten fest, daß es sich in Wirklichkeit um einen Thron aus karolingischer Zeit handelte. Karl der Kahle schenkte ihn dem Papst im Jahre 875 anläßlich seiner Krönung in St. Peter.

[8] Der Ausdruck "Confessio" (vom lateinischen Zeitwort "confiteri" = bekennen, bezeugen) bezeichnet die Zone, in der der hl. Petrus beigesetzt wurde. Er hat seinen Glauben an Gott bis zu seinem Märtyrertod bezeugt.

[9] Von den Archäologen so nach der Farbe des Verputzes genannt.

[10] Es handelt sich um die sog. *"capella magna"*, die in Dokumenten erwähnt wird. Wir wissen bis heute nicht, ob sie knapp vor der Übersiedlung der Päpste nach Avignon (1305) errichtet wurde, oder anläßlich der Rückkehr von Urban V. (1357) nach Rom, was wahrscheinlicher ist.

[11] Dabei handelt es sich um das sog. "Exil" der Päpste zu Avignon, wo die Päpste zwischen1309 und 1377 residierten (und somit den Heiligen Stuhl zeitweilig nach Avignon übersiedelten) und das große "Westeuropäische Schisma" (Kirchenspaltung), wobei gleichzeitig Päpste und Gegenpäpste herrschten.

[12] Unter dem Begriff *"Lisene"* versteht man einen Mauervorsprung. In ihrer einfachsten Form erscheint sie ohne Basis und Kapitell, bisweilen auch als Halbpilaster oder Halbsäule.

[13] Unter dem Begriff *"Grotesken"* versteht man eine bestimmte Art der Wanddekoration mit floralen und phantastischen Motiven. Die Maler der Renaissance fanden sie an den Gewölben der damals halbverschütteten, und deshalb "Grotten" genannten *"Domus Aurea"* von Nero.

[14] Unter dem Begriff *"Telamon"* versteht man eine Stützfigur an Stelle einer Säule in der Form einer männlichen Gestalt (das weibliche Gegenstück dazu ist eine sog. *Karyatide*).

[15] Der römische Architekt Vitruv lebte im 1. Jahrhundert n. Chr. Berühmt wurde er auf Grund seines zehn Bücher umfassenden Traktates *De architectura* (über die Architektur). Diese Zusammenfassung der Architekturgedanken der gesamten Klassik bildete in den späteren Jahrhunderten, besonders aber in der Renaissance, einen echten Bezugspunkt in der Architektur.

[16] Die Dekoration des ersten Stockes der Loggien schuf Giovanni da Udine, ein Schüler von Raffael. Das dritte Geschoß, die sog. Loggia der Landkarten wurde um 1560, also etwas später ausgemalt, und wird Stefan du Pérac und Giovanni Antonio Vanosino zugeschrieben.

[17] Der Apollo vom Belvedere wurde von dem damaligen Kardinal Giuliano Della Rovere angekauft und in seiner Residenz in der Nähe von S. Pietro in Vincoli aufgestellt. Später brachte man diese Statue auf Geheiß des gleichen Kardinals, der inzwischen Papst Julius II. (1503-1513) geworden war, in den Vatikan. Die Laokoongruppe, die in der Domus Aurea entdeckt worden war, erwarb man im gleichen Jahr und fügte sie der Sammlung im Frühling des gleichen Jahres zu.

[18] Ein schwerer Verlust für die vatikanischen Kulturgüter war die Entscheidung, die Cappella del Palazzetto del Belvedere abzureißen. Sie war ganz von Andrea Mantegna ausgemalt gewesen und wurde demoliert um die Galerie der Statuen zu verlängern.

[19] Als Vorkaufsrecht versteht man aus juridischer Sicht, den von Rechts wegen eingeräumten automatischen Vorrang der einer Person beim Ankauf eines bestimmten Objektes zusteht.

[20] In folgenden Räumen war die Gemäldesammlung im Laufe der Zeit aufbewahrt: vom dritten Stock des Flügels von Gregor XIII., wohin die Sammlung von Pius VII. im Jahr 1822 verlegt wurde, kam sie in die Galleria degli Arazzi, wohin Gregor XVI. sie bringen ließ. Danach wurde sie ins Appartement von Pius V. verlegt, dann neuerlich in den Flügel Gregors XIII., der unter Pius IX. (1857) wiederverwendet wurde. Schließlich kam sie unter Pius X. in die Erdgeschoßräume des Westkorridors des Belvederehofes. Damals hatte die Sammlung beinahe ihre heutige Größe erreicht.

[21] Der Galeerenbrunnen befindet sich in der Nähe der Wendeltreppe des Bramante beim Palazzetto del Belvedere von Innozenz VIII.

[22] Dieser lateinische Vers befindet sich auf einer Marmorplatte an der Mauer seitlich des Brunnens.

Literaturverzeichnis

Bibliotheca Apostolica Vaticana, Firenze: Nardini Editore, 1985.

Del Re, Niccolò (a cura di), *Mondo Vaticano, passato e presente*, Città del Vaticano: Libreria Editrice Vaticana, 1995.

Delfini Filippi, Gabriella, *San Pietro. La Basilica, La Piazza*, Roma: Fratelli Palombi Editori ("Guide del Vaticano", 1), 1989.

Delfini Filippi, Gabriella, *San Pietro. La Sagrestia, Il Tesoro, Le Sacre Grotte, La Cupola, La Necropoli*, Roma: Fratelli Palombi Editori ("Guide del Vaticano", 2), 1989.

Fallani, Giovanni - Escobar, Mario (a cura di), *Vaticano*, Firenze: Sansoni, 1946.

Galassi Paluzzi, Carlo, *La Basilica di San Pietro*, Bologna: Cappelli ("Roma Cristiana", vol. XVII), 1975.

Il Vaticano e Roma cristiana, Città del Vaticano: Libreria Editrice Vaticana, 1975.

Jung-Inglessis, Eva Maria, *San Pietro*, Firenze: Istituto Fotografico Editoriale SCALA, 1980.

La Cappella Sistina. I primi restauri: la scoperta del colore, Novara: Istituto Geografico De Agostini, 1986.

La Cappella Sistina. La volta restaurata: il trionfo del colore, Novara: Istituto Geografico De Agostini, 1992.

La Città: parte occidentale, Roma: Fratelli Palombi Editori ("Guide del Vaticano", 3), 1989.

La Città: parte orientale, Roma: Fratelli Palombi Editori ("Guide del Vaticano", 4), 1989.

Mancinelli, Fabrizio, *La Cappella Sistina*, Città del Vaticano: Edizioni Musei Vaticani, 1993.

Martin, Jacques, *Vaticano sconosciuto*, Città del Vaticano: Libreria Editrice Vaticana, 1990.

Natalini, Terzo - Pagano, Sergio - Martini, Aldo (a cura di), *Archivio Segreto Vaticano*, Firenze: Nardini Editore, 1991.

Pastor, Ludovico von, *Storia dei Papi dalla fine del Medio Evo*, Roma: Desclée & C. Editori Pontifici, 1932.

Pietrangeli, Carlo - De Strobel, Anna Maria - Mancinelli, Fabrizio (a cura di), *La Pinacoteca Vaticana. Catalogo Guida*, Città del Vaticano: Enel - Edizioni Musei Vaticani, 1993.

Pietrangeli, Carlo - Mancinelli, Fabrizio, *Vaticano, città e giardini*, Firenze: Istituto Fotografico Editoriale SCALA, 1985.

Pietrangeli, Carlo (a cura di), *Il Palazzo Apostolico Vaticano*, Firenze: Nardini Editore, 1992.

Pietrangeli, Carlo, *I dipinti del Vaticano*, testi di Guido Cornini, Anna Maria De Strobel, Maria Serlupi Crescenzi, Udine: Magnus, 1996.

Pietrangeli, Carlo, *I Musei Vaticani, cinque secoli di storia*, Roma: Edizioni Quasar, 1985.

Raffaello nell'Appartamento di Giulio II e Leone X, Milano: Electa, 1993.

Redig De Campos, Deoclecio, *I Palazzi Vaticani*, Bologna: Cappelli, 1967.

Redig De Campos, Deoclecio, *Itinerario pittorico dei Musei Vaticani*, Roma: Lorenzo Del Turco, 1964.

Vasari, Giorgio, *Le vite de' più eccellenti pittori scultori ed architetti*, Firenze 1568.